Lehrerband
Mein Heimat- und Sachbuch 2

Erarbeitet von
Christa Jung
Gudrun Schönknecht
Ute Szudra
Sigrid Voigt
Hartmut Wedekind

Illustrationen von
Klaus Müller

Ernst Klett Grundschulverlag
Leipzig Stuttgart Düsseldorf

Inhalt

Vorwort	**3**
Sachunterricht mit dem Bücherwurm	3
Aufbau der Materialien für Klasse 2	4
Lehrplanübersicht	6
Anregungen für den Unterricht	**7**
Die Schule macht die Türen auf	**7**
Vorüberlegungen zum Kapitel	7
Die Schule macht die Türen auf	7
Die ersten Schultage im zweiten Schuljahr	8
Sich an die Ferien erinnern – Eine Ausstellung aufbauen	8
Ein Klassenzimmer einrichten – Jeder kann etwas dafür tun	9
Sicherheit beim Fahrrad fahren – Mit dem Fahrrad unterwegs	10
Verkehrszeichen auf dem Schulweg	11
Du und ich und wir	**12**
Vorüberlegungen zum Kapitel	12
Du und ich und wir	12
Das bin ich	13
Freunde finden	13
Was uns kränkt – Was uns stärkt	14
Nein sagen	15
Familiengeschichten	**17**
Vorüberlegungen zum Kapitel	17
Familiengeschichten	17
Die Arbeit teilen	18
Mit Geld überlegt umgehen	18
Freizeit gestalten	19
Sich miteinander wohl fühlen	20
Ein Hund in der Familie	20
Sich über Haustiere informieren	20
Die Arbeitsergebnisse vorstellen	21
Gesund bleiben – sich wohl fühlen	**22**
Vorüberlegungen zum Kapitel	22
Gesund bleiben – sich wohl fühlen	22
Essbare Teile von Gemüse kennen	23
Inhaltsstoffe herausfinden	24
Ein gesundes Schulfrühstück zubereiten	25
Muntermacher für Kranke und Gesunde	27
Die Erde ist unser Haus	**29**
Vorüberlegungen zum Kapitel	29
Die Erde ist unser Haus	31
In der Hecke ist immer was los	32
Was wächst denn da?	34
Die Heckenrose	36
Holunder – eine Pflanze im Jahreslauf	36
Vögel in der Hecke	38
Tierspuren finden	40
Ein Tier in der Hecke – Der Igel	42
Wissenswertes über Igel erfahren	43
Ideen für ein Igelfest	44
Warm oder kalt	46
Thermometer werden gebraucht	47
Thermometer bauen	47
Temperatur kann Stoffe verändern	47
Mit Wasser spielen	48
Wasser verändert sich	49
Mischen, lösen und trennen	50
Wasser in unserem Leben	51
Bei uns und anderswo	**52**
Vorüberlegungen zum Kapitel	52
Bei uns und anderswo	52
Von der Wirklichkeit zum Plan	53
Für andere Wege aufzeichnen	54
Die Zeit vergeht	**55**
Vorüberlegungen zum Kapitel	55
Die Zeit vergeht	56
Zwölf Monate hat das Jahr	57
Jeder Tag ist anders	58
Zeit messen	59
Zeit erleben	60
So wird es gemacht	61
Kopiervorlagen	**62**

Vorwort

Unterrichtsverläufe in Lerngruppen sind immer einmalig und nie in der gleichen Weise zu wiederholen. Deshalb verstehen wir die nachfolgenden Vorschläge für die Bearbeitung der einzelnen Themen als Angebote für Sie, unter Berücksichtigung der konkreten Bedingungen in Ihrer Klasse damit zu arbeiten. Betrachten Sie unsere Vorschläge als Einladung zu einer Unterrichtshospitation bei Kolleginnen und Kollegen, die an der Erprobung des Heimat- und Sachbuches teilgenommen und viele der hier aufgeschriebenen Ideen entwickelt und ausprobiert haben.

In dem vorliegenden Lehrerband stellen wir Ihnen vor, wie mit dem Heimat- und Sachbuch sachkundliche Themen gemeinsam mit den Kindern bearbeitet werden können. Im ersten Teil des Lehrerbandes informieren wir Sie über das Konzept des Heimat- und Sachbuches und geben allgemeine Hinweise zur Unterrichtsgestaltung im Heimat- und Sachunterricht.
Der zweite Teil des Lehrerbandes beinhaltet „Anregungen für den Unterricht". Die Kapitel im Lehrerband sind wie die Kapitel des Schülerbuches gegliedert. Zu jedem Thema finden Sie zunächst allgemeine Vorüberlegungen, die Lernziele des gesamten Kapitels und weiterführende Literaturhinweise. Daran anschließend werden zu jeder Seite des Schülerbuches methodische und didaktische Hinweise, Sachinformationen und Querverweise auf Kopiervorlagen, das Freiarbeitsmaterial und entsprechende Seiten der Sprach- und Lesebücher „Bücherwurm" gegeben.
Im dritten Teil des Lehrerbandes finden Sie 51 Kopiervorlagen, auf die im Schülerbuch und in den „Anregungen für den Unterricht" verwiesen wurden.

Die Lernziele und -inhalte des Heimat- und Sachbuches Bücherwurm entsprechen den Vorgaben des aktuellen bayerischen Lehrplans (Lehrplan für die Grundschulen in Bayern vom 9. August 2000 Nr. IV/1-S7410/1-4/84 000). Einen Überblick über die Lehrplanbereiche und die Realisierung der Lernziele in den einzelnen Kapiteln des Heimat- und Sachbuches finden Sie auf Seite 6.

Leipzig, Januar 2002

Sachunterricht mit dem Bücherwurm

Auf folgenden grundsätzlichen Überlegungen fußt das in den Unterrichtsmaterialien „Mein Heimat- und Sachbuch 2" umgesetzte Konzept zur Gestaltung des Heimat- und Sachunterrichts:

1. Kinder kommen bereits als kleine „Experten" im Umgang mit der Welt in die Schule. Sie bringen vielfältige, aber unterschiedliche Erfahrungen und weitgehend ungeordnetes Wissen mit in den Unterricht. Bei der Erarbeitung sachunterrichtlicher Themen können sich die Kinder aktiv beteiligen und ihre Kompetenzen einbringen. Die gemeinsame Erarbeitung der Themen ermöglicht es, im Rahmen der Reflexion und Diskussion die Inhalte in ihr Bewusstsein zu heben, sie zu ordnen und zu systematisieren. Kinder erfahren dabei keine Belehrung, sondern werden bei der Ordnung ihrer Erfahrungen und Kenntnisse begleitet.

2. Spielen ist die Haupttätigkeit der Kinder vor dem Schuleintritt. Auch in den ersten beiden Jahrgangsstufen ist dies ein wesentliches Element schulischen Lernens. Elemente des Spielens werden aus diesem Grund sowohl in der Erschließung von Sachverhalten als auch in der Anwendung erworbenen Wissens bewusst eingesetzt. Die Palette der Spiele reicht von Lotto-, Memory- und Brettspielen bis zum figuralen Spiel und Rollenspiel.

3. Die Auseinandersetzung mit sachkundlichen Themen ermöglicht es, ohne künstliche Didaktisierung lernbereichsübergreifend bzw. fächerübergreifend sinnvolle Lernanlässe für das Lesen, Schreiben und Rechnen zu finden. Sachunterrichtliche Themen werden demnach als sinnstiftende und sinnvolle Anlässe für kindliches Lernen im Kontext Schule gesehen.

4. Die Auseinandersetzung mit der Umwelt erfolgt bei Kindern in Einheit von Fühlen, Denken und Handeln. Sinnhaftes Erfassen und handelnder Umgang sowohl bei der Erschließung von Sachverhalten als auch bei der Anwendung erworbenen Wissens stellen deshalb wesentliche Gestaltungselemente sachunterrichtlichen Tuns dar.

5. Heimat- und Sachunterricht ist primär kein Buchunterricht. Er ist ein „Unterricht vor Ort". Mit dem Buch werden Anregungen zur Begegnung mit ausgewählten Sachverhalten gegeben und Ideen, Vorschläge zur Be- und Verarbeitung der gewonnenen Erkenntnisse unterbreitet.

Texte, Darstellungen, Aufgabenstellungen, Fragen und Spiele sollen interessante und motivierende Anregungen dazu geben sowie Verfahren für entdeckendes, problemlösendes und spielerisches Lernen aufzeigen. Die einzelnen Seiten des Buches werden somit zu „Türen zur Welt".

6. Im Heimat- und Sachunterricht werden Qualifikationen herausgebildet und erweitert, die weit über das bloße Faktenwissen hinausgehen. Die Kinder sollen sich im sozialen Miteinander als Partner begegnen und schätzen lernen. Soziales Lernen mit dem Ziel der Erweiterung der Ich-Kompetenz unter Beachtung der Interessen der Gemeinschaft, die Ausbildung von Handlungskompetenz sowie die Anbahnung und Entwicklung von Methodenkompetenz sind didaktisch-methodische Leitidee und Leitlinie unseres Konzepts.

7. Heimat- und Sachunterricht zu gestalten bedeutet Selbstständigkeit und Selbsttätigkeit der Kinder zu unterstützen, ihnen genügend Raum für selbstbestimmtes und entdeckendes Lernen einzuräumen und sie bei der Entwicklung von Einstellungen und Haltungen zur lebenden und nichtlebenden Umwelt zu unterstützen.

8. Neben der Aneignung von Wissen und der Ausprägung von sozialen Verhaltensweisen werden folgende Arbeitstechniken und -verfahren im Heimat- und Sachunterricht angebahnt und ausgebildet:
– Betrachten, Beobachten und Entdecken
– Erkunden, Ermitteln, Fragen
– Untersuchen, Experimentieren und Prüfen
– Dokumentieren, Protokollieren und Auswerten
– Analysieren, Ordnen, Einordnen, Zusammenfassen, Begründen
– Beurteilen, Bewerten, Entscheiden und Auswerten
– Entnehmen von Informationen aus Texten
– Herstellen von Sachzeichnungen
– Konstruieren
– Kennzeichnen
– Suchen, Sammeln, Sortieren, Ordnen, Pressen
– Beschreiben, Darstellen, Präsentieren
– Spielen, szenisches Gestalten

Zum Unterrichtswerk „Bücherwurm" für das 2. Schuljahr in Bayern gehören:
– Mein Heimat- und Sachbuch 2, Lehrerband 2, Freiarbeitsmaterial zum Heimat- und Sachbuch 2;
– Mein Sprachbuch 2, Mein Arbeitsheft zum Sprachbuch 2, Mein Lesebuch 2 und Lehrerbände mit Kopiervorlagen.

„Bücherwurm" Mein Heimat- und Sachbuch 2 ist so konzipiert, dass es unterschiedliche Lern- und Lehrformen ermöglicht. Es ist sowohl für offenere als auch geschlossenere Formen in der Unterrichtsgestaltung geeignet.

Im Schülerbuch, in den Kopiervorlagen und im Freiarbeitsmaterial finden sich vielfältige Angebote zum Bauen, Basteln und Experimentieren. Neben den Aufforderungen zur direkten Begegnung mit Sachen und Personen unterstützen sie das handelnde Lernen und erleichtern der Lehrerin/dem Lehrer die Vorbereitung.
Konsequent ist das spielerische Lernen berücksichtigt worden. Sowohl als Ausgangspunkt kindlichen Lernens als auch als Angebot für Wiederholung und Festigung bereits erworbenen Wissens sind die Spiele gut geeignet.

Die Lernziele und -inhalte des Heimat- und Sachbuches Bücherwurm entsprechen den Vorgaben des aktuellen Lehrplans. Der Übersicht auf Seite 6 können Sie entnehmen, auf welchen Seiten des Schülerbuches die Lehrplanziele und die fächerübergreifenden Bildungs- und Erziehungsaufgaben realisiert werden. Im Lehrerband finden Sie zu Beginn jedes Kapitels bzw. Themenbereichs eine detaillierte Aufstellung der Lehrplanziele.

Aufbau der Materialien für Klasse 2
Die Inhalte des Lehrplans sind im Heimat- und Sachbuch in folgende thematisch gegliederte **Kapitel** zusammengefasst, wobei die Reihenfolge nicht einer zeitlichen Bearbeitungsfolge entspricht:

Die Schule macht die Türen auf
Du und ich und wir
Familiengeschichten
Gesund bleiben – sich wohl fühlen
Die Erde ist unser Haus
Bei uns und anderswo
Die Zeit vergeht
So wird es gemacht

Zur besseren Orientierung im Buch wurde jedem Kapitel eine **Farbe** zugeordnet, die sich am oberen Seitenrand durch das ganze Kapitel zieht.
In dieser Farbleiste werden über Piktogramme Informationen zur Bearbeitung der Seite gegeben.

Folgende sieben **Piktogramme** informieren die Kinder darüber, welche Tätigkeiten auf den einzelnen Seiten ausgeführt werden können:

👄 sprechen

Dieses Symbol steht für verschiedene Möglichkeiten des Sprechhandelns, z.B.:
– Die Seite bietet einen Erzählanlass zum Thema. Über das, was es in der Illustration, auf den Fotos zu entdecken gibt, soll zunächst mündlich reflektiert werden, um danach weiter praktisch tätig zu sein.
– Die Seite dient zur mündlichen Planung über das weitere Vorgehen.
– Es kann gesungen werden.
– Es kann ein Rollenspiel gespielt werden.

– Man kann sich über Spielregeln austauschen. Gespräche mit anderen (Eltern, Großeltern) sollen geführt werden.

 auf Erkundung gehen

Dieses Symbol ist ein Hinweis auf einen Unterrichtsgang. Die Begegnung mit den Dingen vor Ort ist für die Weiterarbeit notwendig.

 untersuchen, erforschen

Der Sachverhalt soll untersucht, erforscht werden, z.B. im handelnden Umgang mit den Dingen und im Experiment, bei Expertenbefragungen, beim Nachschlagen in Büchern.

 herstellen, ausprobieren

Hier werden einerseits Dinge hergestellt. Andererseits werden Dinge ausprobiert. Dieses Herstellen und Ausprobieren erfordert auch den Umgang mit Werkzeugen, aber auch mit Leim, Stiften, Scheren. Wenn die Hand auftaucht, müssen die Kinder immer überlegen: Was brauchen wir, was müssen wir bereit legen zur Herstellung oder zum Ausprobieren?

 malen, schreiben

Hier sollen eigene Texte geschrieben, Lernergebnisse festgehalten oder Bilder zum Thema gestaltet werden.

 spielen

Auf diesen Seiten sind verschiedene Arten des Spielens möglich:
– Rollenspiel, szenische Darstellung, bekannte Kinderspiele
– Anregungen zur Herstellung von Spielen
– Hinweise auf Spiele aus dem Freiarbeitsmaterial.

 Kartei anlegen

Die Vignette fordert die Kinder auf, eine Karteikarte anzulegen. Vordrucke werden in den Kopiervorlagen angeboten.

Die Kinder finden auf den Seiten 67 bis 69 Tipps und Arbeitsanleitungen: z.B. zur Herstellung von Schiffen, zum Bau eines Geburtstagskalenders, eines Fernsehplaners und zur Dekoration ihres Klassenzimmers.

Das folgende Piktogramm informiert die Lehrkraft. Es befindet sich auf der unteren Farbleiste der Seite.

Kopiervorlage

Dieses Symbol verweist auf eine Kopiervorlage, die zur Bearbeitung des Themas im Lehrerband enthalten ist.

Literatur

Akademie für Lehrerfortbildung Dillingen (Hg.): Materialgeleitetes Lernen. Elemente der Montessori-Pädagogik in der Regelschule – Grundstufe. Manz: München 1991

Breuer, G.: Freie Arbeit im 1. und 2. Schuljahr. Oldenburg: München 1992

Faust-Siehl, G.; Garlichs, A.; Ramsegger, J.; Schwarz, H.; Warm, U.: Die Zukunft beginnt in der Grundschule. Beiträge zur Reform der Grundschule Band 98, Frankfurt a.M. 1996

Fisgus, Ch.; Kraft, G.: „Morgen wird es wieder schön!" Auer: Donauwörth 2000

Fisgus, Ch.; Kraft, G.: Hilf mir, es selbst zu tun. Auer: Donauwörth 2000

Kasper, H.: Laßt die Kinder lernen. Offene Lernsituationen. Westermann: Braunschweig 1989

Kiper, H.: Sachunterricht kindorientiert. Schneider: Hohengehren 1997

Meier, R.; Unglaube, H.; Faust-Siehl, G. (Hrsg.): Sachunterricht in der Grundschule. Frankfurt a.M. 1997

Meier, R.: Im Sachunterricht der Grundschule: Methoden entdecken, Methoden entwickeln, mit Methoden arbeiten. In: Meier u.a. 1997, S. 115–125

Meiers, K.: Sachunterricht im Anfangsunterricht. In: Meier u.a. 1997, S. 158–170

Meiers, K.: Sachunterricht. Klett und Balmer Verlag, Stuttgart, 1994

Schnabel, J.: Freie Arbeit im 3. und 4. Schuljahr. Oldenburg: München 1996

Soostmeyer, M.: Zur Sache des Sachunterrichts. Frankfurt 1992

Speck-Hamdan, A.: Soziales Lernen und die Bedeutung der Lerngruppe. In: Meier u.a. 1997, S. 104–114

Vester, F.: Denken, Lernen, Vergessen. Deutscher Taschenbuch Verlag: München 1993

Zitzlsperger, H.: Ganzheitliches Lernen. Welterschließung über alle Sinne mit Beispielen aus dem Primarbereich. Beltz: Weinheim 1991

Lehrplanübersicht

Jahrgangsstufe 2	Lernfeld 1: Körper und Gesundheit	Lernfeld 2: Individuum und Gemeinschaft	Lernfeld 3: Zeit und Geschichte	Lernfeld 4: Heimat und Welt	Lernfeld 5: Arbeit und Freizeit	Lernfeld 6: Natur und Technik	Lernfeld 7: Tiere und Pflanzen
Themenbereich 2: Ich und meine Erfahrungen	2.2.3 Ernährung 31–34 2.2.2 14, 15	2.2.2 Meine Person – 5, 8, 9, 13, 16–20 2.2.3 22, 24, 32–34	2.2.1 Mein Leben – Ereignis 4, 6, 7	2.2.3 24, 36 2.2.4 31, 35		2.2.5 Nährstoffe 31	2.2.4 Obst und Gemüse, 29, 30, 32–34
Themenbereich 3: Wünsche und Bedürfnisse		2.3.2 23	2.3.1	2.3.1 22–24	2.3.1 Freizeitgestaltung 24 2.3.2 Geld 23, 25		
Themenbereich 4: Zusammenleben		2.4.1 Familie – Lebensgemeinschaften 21, 22, 26		2.4.3 Im Verkehr 10–12	2.4.3 12		2.4.2 Haustier – Haltung 25–28
Themenbereich 5: Leben mit der Natur	2.5.3 36, 38, 39, 41		2.5.1 Hecke – Jahreslauf 35–46				2.5.2 Hecke – Tiere 35–37, 42–46 2.5.3 Hecke – Pflanzen 38–41
Themenbereich 6: Orientierung in Zeit und Raum			2.6.1 Uhr und Uhrzeit 64–66 2.6.2 Kalender 61–63	2.6.3 Schulumgebung 57–60		2.6.1 65, 67	
Themenbereich 7: Erkunden der Umwelt	2.7.1 Wasser und Leben 52, 56 2.7.2 55 2.7.3 48			2.7.1 56	2.7.1 56	2.7.2 Wasser 52–55 2.7.3 Temperaturen 48–51	

Familien- und Sexualerziehung	Freizeiterziehung	Soziales Lernen und grundlegende politische Bildung	Gesundheitserziehung	Interkulturelle Erziehung – Miteinander und voneinander lernen	Leben und Lernen mit Behinderten	Lernen lernen	Medienerziehung	Sprachliche Bildung	Umwelterziehung	Verkehrs- und Sicherheitserziehung
13, 14, 15, 20, 22	6, 7, 22, 23, 26, 39, 43, 52, 64	3–5, 8, 9, 16, 17, 19, 22, 26, 28, 33, 34, 61	26, 31–34, 36, 38–41	4, 21–25	8, 9, 36, 37	5, 8, 9, 22, 29, 30, 31, 36–39, 43, 45, 51, 52, 69, 70, 71	8, 22, 23, 26, 28, 59, 60, 64	5, 8, 9, 15, 18, 19, 36, 37, 53, 56	5, 26, 35–37, 39–44, 52, 56	10–12, 51, 55

Anregungen für den Unterricht

Die Schule macht die Türen auf

Vorüberlegungen zum Kapitel
In diesem Kapitel sind die Themen Schule und Verkehrserziehung zusammengefasst. Es geht dabei um eine Fortschreibung des in der 1. Klasse erworbenen Wissens und der angebahnten Fähigkeiten.
Nach ihren ersten großen Ferien kommen die Kinder in eine schon vertraute Umgebung. Die Mitbringsel aus den Ferien und der Aufbau der Ausstellung schaffen eine Brücke zwischen den Ferien und der Schule. Beim Erzählen der Ferienerlebnisse können sich soziale Kontakte wieder festigen oder neu bilden. Das gemeinsame Singen des Liedes vom Schulkind und vom Bücherwurm kann das Ankommen in der Schule erleichtern.
Die meisten Kinder können lesen und schreiben. Deshalb wird ihnen auch von Anfang an mehr Text im Sachbuch angeboten.
Für das Klassenzimmer wird ein Ausgestaltungsvorschlag unterbreitet, der dem gewachsenen Lesevermögen und -bedürfnis entspricht: die Einrichtung einer Lese-Ecke. Auf Grund der Tatsache, dass noch mehr Kinder ihren Schulweg allein zurücklegen bzw. sich nachmittags verabreden, werden das Fahrrad und die Verkehrszeichen ins Zentrum der Verkehrserziehung gerückt.

Lernziele
2.2.1 Ein Ereignis in meinem Leben
– Erinnerungen an ein gemeinsames Erlebnis vergleichen
– Verschiedene Erinnerungshilfen nutzen: eigenes Gedächtnis, Erzählungen, weitere Quellen
2.4.3 Im Verkehr
Als Radfahrer im Verkehrsraum:
– Verkehrsbedingungen der Schul- und Wohnumgebung erkunden (VkE)
– Verkehrsgerechtes Verhalten einüben (VkE)
– Notwendigkeit partnerschaftlichen und umweltbewussten Verhaltens erkennen (VkE)

Literatur
Auer, O.; Knopf, G.: Partner auf der Straße. Lehrerband für das 1. und 2. Schuljahr, Hrsg. Deutsche Verkehrswacht e.V. Bonn, Ernst Klett Schulbuchverlag Stuttgart; Verlag Heinrich Vogel München; GHS Gesellschaft zur Hebung der Sicherheit im Straßenverkehr mbH Bonn, 1988

Heß, M.: Handbuch Schulverkehrserziehung. Hrsg. Deutsche Verkehrssicherheitsbeirat e.V., GWM Bonn, o.J.

Heß, M.; Zuckowski, R.: Das Ideenbuch für Lehrerinnen und Lehrer – Ein musikalischer Weg zu mehr Verkehrssicherheit. Ed. Sikorski 1140, 1992

Die Schule macht die Türen auf   Seite 3
Zur Arbeit mit der Seite
Dieses Erzählbild führt die Kinder in den Heimat- und Sachunterricht des neuen Schuljahres ein. Ein Schulkind schaut in sein neues Heimat- und Sachbuch. Neben ihm liegen verschiedene Gegenstände, die auf Themen des Heimat- und Sachunterrichts in diesem Schuljahr hinweisen: der Fahrradhelm, das Lesezeichen, der Igel, Blätter von Hecken.
Die Kinder könnten aufgefordert werden, im Heimat- und Sachbuch die Seiten zu finden, auf denen die Inhalte bearbeitet werden. Oder: Welche Seite unseres Heimat- und Sachbuches hat das Kind auf dem Bild aufgeschlagen?
Der Bücherwurm, der die Kinder schon durch das Loch im Einband begrüßt hat, spricht sie in seinem Lied wie alte Bekannte an und lädt sie dazu ein, gemeinsam mit ihm die Welt zu erforschen. Die Melodie vom Bibabutzemann dürfte den meisten Kindern bekannt sein, sodass sie alle mitsingen können.

Für die Gestaltung des Sachunterrichtsheftes oder -ordners kann die Kopiervorlage 1 als Titelblatt eingesetzt werden. Die Kinder sehen hier Themenbereiche des Schuljahres vor sich. Wenn ein Thema bearbeitet wurde, wird das zugehörige Bild ausgemalt. So erhalten sie einen Überblick über das gesamte Schuljahr und können in die zeitliche Planung und die Vorbereitung der Themen (kleine Referate vorbereiten und halten, Materialien und Bücher mitbringen) mit einbezogen werden. Vor allem die Gestaltung des klasseneigenen Themas sollte schon früh mit den Kindern besprochen werden (vgl. den Vorschlag dazu in Lehrerband 1, S. 59 und 60).

Zum Lehrwerk wird der Bücherwurm als Handpuppe angeboten. Sie hat einen beweglichen Mund und kann in vielfältiger Weise eingesetzt werden. Eine ähnliche Puppe kann aus einem in Segmente gebundenen Häkelschlauch (mit Schaumflocken gefüllt) oder einem ausgestopften Strumpf auch selbst angefertigt werden.

Kopiervorlage   1

Seite 4/5   **Die ersten Schultage im zweiten Schuljahr**

Zur Arbeit mit den Seiten

Sich an den ersten Schultag/das erste Schuljahr erinnern

Die Abbildung Seite 4 zeigt die Begrüßung der Kinder. Anhand dieser Seite sollen die Kinder ihre eigenen Erinnerungen an die 1. Klasse thematisieren. Was haben sie gemeinsam erlebt, gelernt? Auch die großen Lernfortschritte seit der ersten Klasse sollten thematisiert werden: die Kinder können jetzt lesen, ein großer Schritt zur Selbstständigkeit. In einem Erzählkreis können Materialien aus der ersten Klasse als Erinnerungshilfe gezeigt werden. Zur Vorbereitung auf das Erzählen im Kreis könnte jedes Kind zunächst für sich notieren oder malen, was für es am wichtigsten in der ersten Klasse war.

Dieses Erinnern leitet dann über zu den Überlegungen, wie das Zusammenleben und -lernen in der zweiten Klasse gestaltet werden soll.

Die neuen Erstklässler unterstützen

Gleichzeitig soll das Sich-Hineinversetzen in die Situation als Erstklässler die nun „großen", erfahrenen Schulkinder sensibel machen für die Schulanfänger. Mit dem Arbeitsauftrag Seite 4 unten wird angeregt, sich in deren Situation hineinzuversetzen und zu überlegen, wie sie den Erstklässlern begegnen könnten. Hier sollten die Ideen der Kinder gesammelt werden, z.B. den neuen Kindern Wege im Schulhaus zu erklären, sie mitzunehmen beim Abholen der Schulmilch, ihnen beim Anziehen oder Aufräumen der Garderobe behilflich zu sein, im Pausehof ansprechbar zu sein und mit ihnen zu spielen. Es könnte auch eine direkte Patenschaft einer größeren oder kleineren Kindergruppe mit einer ersten Klasse vereinbart werden.

Aufgaben verteilen, Klassenregeln gemeinsam aufstellen

Auf Seite 5 wird ein Verfahren vorgeschlagen, mit dem die Kinder an der Aufgabenverteilung und den Klassenregeln für die zweite Jahrgangsstufe mitwirken können. Zunächst wird gemeinsam besprochen, welche Regeln und Rituale es in der 1. Klasse gab. Jede Gruppe bekommt Plakate mit Überschriften zu den wichtigsten Regeln und Ritualen. Ein zusätzliches leeres Plakat sollte vorhanden sein für neue Ideen. Die Kinder notieren schriftlich und/oder zeichnerisch, wie sie mitwirken können. Dabei geben sie die Plakate in der Gruppe im Kreis weiter. Anschließend werden die Gruppenvorschläge gemeinsam besprochen und die Aufgaben ausgewählt, die vom Klassenrat beschlossen werden. Die Kinder könnten in Gruppen anschließend selbst die Klassenplakate mit Regeln und Aufgaben anfertigen oder illustrieren, die im Klassenzimmer aufgehängt werden (evtl. Hilfe durch den Lehrer/die Lehrerin bei der Plakatschrift).

Der Arbeitsauftrag unten auf der Seite weist darauf hin, dass nicht nur Aufgaben, die verteilt werden, wie Bücher-, Tafel- oder Blumendienst, sondern auch die Klassenregeln überdacht werden sollen. Dies könnte wiederum zunächst in der Gruppe anhand der Kopiervorlage 2 besprochen (Arbeitsauftrag: Welche Regeln gab es? Welche haben sich bewährt? Welche sollten wir ändern?) und anschließend im Gesprächskreis diskutiert und entschieden werden.

Weitere Anregungen und Materialien

Organisation der Gruppen:

Wie finde ich einen Partner?
- durch freie Wahl
- mit einer Durchsage: „Ich suche einen Partner für ..." (Dabei wird vorher auf einen Klangstab geklopft.)
- durch Nummern oder Bilder ziehen (Es müssen zwei gleiche Nummern oder Bilder vorhanden sein.)

Wie finde ich eine Gruppe?
- durch die Tischgruppe
- durch Ziehen von bunten Fäden (z.B.: alle mit roten Fäden bilden eine Gruppe)
- durch Ziehen von Karten, die auf einer Seite nummeriert sind (z.B.: alle Kinder, die die Nummer 3 ziehen, bilden eine Gruppe)

Wer ist der „Chef" der Gruppe?
- durch Würfeln (die höchste Augenzahl siegt)
- durch Abzählen mit einem Abzählvers
- durch demokratisches Abstimmen innerhalb der Gruppe

Wie wird die Arbeit aufgeteilt?

z.B. Aufräumen, Führen des Protokolls
- der Gruppenchef teilt ein
- Gruppenteilnehmer melden sich freiwillig

Kopiervorlage	2
Lesebuch	Seite 9, 18, 19
Sprachbuch	Seite 20

Sich an die Ferien erinnern – Eine Ausstellung aufbauen   Seite 6/7

Zur Arbeit mit den Seiten

Die beiden Seiten im Lehrbuch dienen dazu, die Kinder zu animieren, ihre eigene Ferienausstellung aufzubauen.

Sich an die Ferien erinnern

Auf der Seite 6 wird ein Vorschlag gemacht, wie der Austausch der Ferienerlebnisse organisiert werden könnte: Im Gesprächskreis berichten Kinder anhand der mitgebrachten Erinnerungsstücke über ihre Erlebnisse. Dabei sollte mit den Kindern unbedingt besprochen werden, dass auch Kinder, die in den Ferien zuhause geblieben sind, etwas mitbringen können und sollen (z.B. gelesene Bücher, Zeichnungen, Fundstücke, Eintrittskarten o.Ä., vgl. auch

Seite 7). Sammeln ist eine den Kindern aus vorschulischer Zeit sehr vertraute Kulturtechnik, haben sie doch von früher Kindheit an Stöckchen, Steine, Muscheln, Federn, Kastanien usw. gesammelt.

Unterschiedliche Ferienmitbringsel liegen im Kreis: eine gepresste Blume, ein Karton mit Schneckenhäusern, Fotos, ein kleines Käferchen und eine Lupe, ein Becher mit Sand, beschriebenes Papier. Ein Kind hat ein Kärtchen mit Stiften neben sich liegen. Dies verweist schon auf die Seite 7, wo das Aufbauen einer Ausstellung thematisiert wird.

Nach der Vorstellungsrunde zu den mitgebrachten Gegenständen sollte besprochen werden, was die Kinder zu ihrem Erinnerungsstück auf Kärtchen notieren könnten.

Eine Ausstellung aufbauen

Auf dem Ausstellungstisch von Seite 7 sind die verschiedensten Sachen zu sehen. Die Erinnerungsstücke sind mit Kärtchen versehen, auf denen Wichtiges und Interessantes festgehalten wurde. Die Kärtchen bieten Leseanlässe und laden zu weiteren Gesprächen zwischen den Kindern ein. Die Kopiervorlage 3 unterstützt die Herstellung des Ausstellungskärtchens. Wortmaterial wird als Schreibhilfe angeboten.

Nachdem alle Kinder das Erzählen und Beschriften beendet haben, sollte eine Phase der Vertiefung folgen. Der Bücherwurm und die Arbeitsaufträge auf Seite 7 regen an, die Ausstellungsstücke zu ordnen. Mit den gelben Karten werden Ordnungsvorschläge gemacht. Die Kinder sollten jedoch selbst Ordnungskriterien für ihre Fundstücke finden (gemeinsam oder in Gruppenarbeit) und dafür Kärtchen (am besten in einer anderen Farbe als die Ausstellungskärtchen) herstellen. Dabei können die Kinder auch zu ganz verschiedenen Ordnungskriterien kommen (z.B. nach Herkunft oder Art der Ausstellungsstücke). Mit den Ordnungskärtchen kann die Ausstellung auch immer wieder nach anderen Ordnungskriterien aufgebaut werden.

Welches Erinnerungsstück besonders gut gefallen hat, kann in das Heft notiert oder auf die Kopiervorlage 3 gezeichnet werden.

Eine Feriengeschichte schreiben

Dieses HSU-Thema bietet sich an als erster Schreibanlass für Freies Schreiben im 2. Schuljahr. Die Kinder können angeregt werden, in der Freien Arbeit oder im gelenkten Unterricht, ihre Ferienerlebnisse aufzuschreiben (LZ Deutsch 1/2.3.1: Texte verfassen, ausführlich dargestellt im Sprachbuch S. 6 und 8). Aus den Geschichten kann dann ein Ferienbuch für die Klassenbücherei zusammengestellt werden.

Kopiervorlage 3

Lesebuch Seite 6, 7, 8, 9

Ein Klassenzimmer einrichten – Jeder kann etwas dafür tun
Seite 8/9

Zur Arbeit mit den Seiten

Ein Klassenzimmer einrichten

Das Klassenzimmer im Heimat- und Sachbuch ist bei den Kindern, die in der 1. Klasse mit dem Bücherwurm-Heimat- und Sachbuch gearbeitet haben, bereits bekannt. Wer sich an die Illustration noch erinnern kann oder sie zum Vergleichen vor sich liegen hat, bemerkt: Die Kinder auf dem Bild sind gewachsen, die Pflanzen auch. Der Dienstplan, die Pausenspielkiste für die aktive Bewegungspause, die getrennte Müllsammlung (Papier, Restmüll u.a.) sind wieder zu sehen. Die Kinder finden aber auch die Dinge im Klassenraum, die während des ganzen zweiten Schuljahres Gegenstand des Heimat- und Sachunterrichts sind.

In der 2. Jahrgangsstufe werden unter anderem folgende Themen bearbeitet, die hier angedeutet werden:
- Kalender, Jahreskreis
- Ausstellungstisch (Ferienausstellung)
- Uhren (Bau von Sanduhren)
- Blätter und Früchte der Hecke
- Freunde (Portraits über der Tafel)
- mit Wasser spielen, Mischen und Lösen
- Experimentieren
- Haustiere (Der Hund)
- Igel
- das Einrichten einer Lese-Ecke u.v.a.m.

Anhand der Vorschläge im Buch sollte die eigene Klassenzimmergestaltung mit den Kindern besprochen werden. Was hat sich von der ersten Jahrgangsstufe bewährt und soll noch im Klassenzimmer bleiben (z.B. Rechen- und Lesespiele, selbst gemachte Bücher, Materialien aus dem HSU)? Es muss auch darüber nachgedacht werden, was für das kommende Schuljahr benötigt wird und ob alte Bereiche nicht verändert werden sollten, wie z.B. die Sitzordnung, Gestaltung der verschiedenen Arbeitsbereiche wie Lese-Ecke (s.u.), Forscher-Ecke oder Gestaltungs-Ecke. Die Kinder können mit ihren Erfahrungen aus der ersten Klasse nun in die Klassenzimmergestaltung stärker einbezogen werden.

Einrichtung der Lese-Ecke

Am Beispiel der Lese-Ecke werden im unteren Teil der Seiten 8/9 den Kindern Tipps und Hinweise für den Aufbau und die Einrichtung dieses Bereichs gegeben. Genauso können die Kinder auch in die Gestaltung der anderen Bereiche mit einbezogen werden. Folgende Fragestellungen sollten für die Lese-Ecke berücksichtigt werden:
– **Wo kann die Lese-Ecke eingerichtet werden?**
Ruhiger Bereich mit Rückzugsmöglichkeiten, wenn möglich räumlich abgetrennt, z.B. durch Regale
– **Womit kann die Lese-Ecke eingerichtet werden?**
z.B. Teppich, Kissen, Polster, evtl. ein Sofa, Regale, Zeitschriftenhalter und Bücherkartons, die selbst verziert werden, wie auf Seite 8 unten dargestellt

– Wie kann die Arbeit in der Lese-Ecke organisiert werden?

Auf Seite 9 unten rechts unterbreitet der Bücherwurm vier Vorschläge für Regeln, die in der Lese-Ecke gelten sollten. Die Kinder sollten anhand dieser Vorgaben überlegen, welche Regeln sie für ihre Lese-Ecke aufstellen wollen. Sie können dazu ein aussagekräftiges Plakat gestalten, dies kann auch von einer Gruppe in der Freien Arbeit hergestellt werden.

– Wann kann die Lese-Ecke genutzt werden?

Auch hier sollten die Regeln mit den Kindern gemeinsam erarbeitet werden, z.B. Nutzung in der Unterrichtszeit, in Freiarbeits- oder Wochenplanphasen, am Beginn des Unterrichtstages, in Regenpausen, wenn Kinder früher mit ihren Aufgaben fertig sind.

– Wie können Bücher für die Lese-Ecke beschafft werden?

1. Eine Möglichkeit der Beschaffung von Büchern wird auf der Seite 8 unten vorgestellt. Die Kinder können den begonnenen Brief fortsetzen. Die Arbeit in den Erprobungsklassen hat gezeigt, dass bei direktem Ansprechen der Eltern relativ schnell Material zusammenkam.

2. Eine andere Möglichkeit stellt die Herstellung eigener Materialien für die Lese-Ecke dar:
– Herstellung eigener Bücher, z.B. „Mein Igelbuch".
– Zusammenstellung von Lesekörbchen mit verschiedenen Leseniveaus (Gegenstände oder Fotos, denen Wörter oder Texte zugeordnet werden müssen). Auch Material aus der ersten Jahrgangsstufe kann weiterverwendet werden (verschiedene Lesespiele, selbst gemachte Bücher, Lesebriefe oder das Klassentagebuch aus der ersten Klasse).
– Anlegen verschiedener Klassenkarteien, die die Kinder zuhause oder in der Freien Arbeit selbst weiter bestücken („wachsende Kartei"), ein Beispiel wäre die Rätsel- und Witzekartei, die auf Seite 9 über den Lesezeichen abgebildet ist.
– Herstellung von Lesebriefen: Lesebriefe können für verschiedene Leseniveaus hergestellt werden. Ein Beispiel dafür ist der Lesebrief (Kopiervorlage 34/35). Hier können die Kinder im Zusammenhang mit dem Igelprojekt mit der Methode vertraut gemacht werden.

Weitere Anregungen und Materialien

Herstellung von Lesezeichen

Zwei verschiedene Vorlagen für Bücherwurm-Lesezeichen werden in der Kopiervorlage 4 zum Ausschneiden und Gestalten angeboten.

Herstellung von Lesebriefen

Vgl. Lesebrief Schmetterlinge KV 35/36, Bd. 1, Lesebrief Igel KV 34/35, Bd. 2, Kopiervorlagen Jgst. 1 und 2

Kopiervorlage	4
Lesebuch	Seite 10, 12, 13
Sprachbuch	Seite 30

Sicherheit beim Fahrrad fahren – Mit dem Fahrrad unterwegs
Seite 10/11

Zur Arbeit mit den Seiten

Viele Kinder benutzen im Freizeitbereich ihr Fahrrad. Die Fahrradprüfung der Jugendverkehrsschule wird jedoch erst in der 4. Klasse abgelegt. Aus diesem Grunde ist es notwendig, die Kinder auf die hauptsächlichen Gefahren beim Radfahren aufmerksam zu machen. Sie sind durch die drei Radsymbole auf den Seiten 10 und 11 gekennzeichnet:

1. Dein Fahrrad muss verkehrssicher sein:

Die Kinder sollen erkennen, dass nur ein Fahrrad mit funktionstüchtigen Bremsen, Beleuchtung und Klingel verkehrssicher ist.

Mit Hilfe des Buches und der Kopiervorlage 5 sollen sie die benannten Teile am Fahrrad wiedererkennen, benennen und ausmalen. Die Durchführung eines Sicherheitstests an einem Fahrrad sollte sich als praktische Übung unbedingt anschließen.

Da vielleicht nicht alle Kinder der Klasse ein Fahrrad haben, sollte eines mit in die Schule gebracht werden, anhand dessen die Checkliste gemeinsam ausgefüllt werden kann. Zu Hause können die Kinder dann den Sicherheitstest für ihr eigenes Fahrrad durchführen und die Ergebnisse dahinter schreiben.

Im Lehrbuch ist ein Rad mit einer Rücktrittbremse abgebildet. Die Hinterradbremse ist deshalb nicht farblich gekennzeichnet. Sollte an dem Fahrrad, das in der Klasse getestet wird, am Hinterrad eine Felgenbremse angebracht sein, muss diese eingezeichnet werden.

2. Du brauchst einen Fahrradhelm:

Der Melonentest demonstriert sehr wirkungsvoll, dass es notwendig ist, einen Fahrradhelm zu tragen. Die Kinder, die bereits einen Fahrradhelm besitzen, sollten ihre Helme mitbringen und den richtigen Sitz ausprobieren.

Wenn die Lehrerin/der Lehrer selbst den im Lehrbuch abgebildeten „Melonentest" zeigen möchte, empfiehlt es sich, mit der Variante „Melone mit Helm" zu beginnen. Wenn man eine Folie auf den Boden legt, kann die Melone nach dem zweiten Versuch („Melone ohne Helm") noch verzehrt werden. In manchen Orten führt die Verkehrspolizei den Test bei Schulbesuchen durch. Im Fahrradparcours-Koffer des ADAC ist ein Helmtest enthalten.

Beim Elternabend sollte über die Helmpflicht informiert werden. Auf das Tragen von Helmen für die Kinder sollte unbedingt bestanden werden.

3. Du musst dein Fahrrad sicher beherrschen:

Hier gibt das Buch auf Seite 11 Anregungen zum Aufbau eines Übungsparcours auf dem Schulhof. Mit dem Üben des sicheren Fahrens sollte nicht bis zur Fahrradprüfung in der 4. Klasse gewartet werden. Vor allem in den Gegenden, wo das Fahrradfahren in öffentlichen Verkehrsräumen zum Alltag der Kinder gehört, muss das sichere Beherrschen des Fahrrades geübt werden.

Folgende Übungselemente sind in den Parcours aufgenommen:
- Anfahren und Halten an festgelegten Stellen
- Einhändiges Fahren
- Slalomfahren

Weitere Elemente könnten sein:
- Über eine Strecke in einer vorgegebenen Spur fahren
- Mit dem Fahrrad auf einer Stelle so lange wie möglich ohne abzusteigen stehen bleiben
- Scharfes Bremsen bis zu einer Ziellinie
- Unter einer Stange wegfahren

4. Fahren auf dem Fußweg

Unten auf der Seite 11 erläutert der Bücherwurm noch, dass Kinder bis zu 8 Jahren auf dem Fußweg fahren müssen, dies bis zum 11. Jahr noch dürfen. Auch diese Vorschrift sollte unbedingt mit den Eltern besprochen werden. Diese Vorschrift ist für die Sicherheit der Kinder wichtig, erfordert aber eine besonders gute Beherrschung des Fahrrades. Die Kinder müssen Fußgängern gegenüber rücksichtsvoll und schnell reagieren können. Auch deshalb ist ein Fahrradtraining in der zweiten Klasse sinnvoll.

Anhand der Frage auf Seite 11 unten sollten Hindernisse und Gefahren auf dem Schulweg für Radfahrer und als Fußgänger besprochen werden. Geschicklichkeitsübungen lassen sich auch im Winter in der Turnhalle durchführen.

Kopiervorlage	5
Freiarbeitsmaterial	Klasse 1: Das große Schulwegspiel
Lesebuch	Seite 64, 65

Seite 12 — Verkehrszeichen auf dem Schulweg

Zur Arbeit mit der Seite

Die Kinder sollen ihr Wissen aus Klasse 1 wiederholen und zuordnen, welche Verkehrszeichen zu welcher dargestellten Situation passen. Das Verkehrszeichenmemory und das große Schulwegspiel können hier ebenfalls wieder zum Einsatz kommen.

In der zweiten Klasse sollen die Kinder nun die Bedeutung der Verkehrszeichen und die Kenntnis über das Verhalten der Verkehrsteilnehmer weiter reflektieren und festigen. Der Wert solcher Übungen sollte jedoch nicht überschätzt werden, sie sind lediglich eine begleitende Maßnahme. Die Verkehrserziehung vor Ort, das Üben mit den Eltern und nicht zuletzt das Vorbild der Erwachsenen im täglichen Verkehrsgeschehen sind meist viel ausschlaggebender für die Entwicklung des Verhaltens bei den Kindern.

Auf der Seite 12 und den Kopiervorlagen 6 bis 9 finden die Kinder Hilfen für die Lösung der Aufgabenstellung. Die Kinder sollten die Verkehrszeichen auf ihrem Schulweg erkunden. Sie können Anzahl und Art der Verkehrszeichen beim Abgehen des Schulwegs notieren (Hausaufgabe).

Auch Gefahrenstellen auf dem Schulweg ohne Verkehrszeichen sollten besprochen werden (z.B. Überqueren einer Straße ohne Ampel und Zebrastreifen). Jedes Kind kann dann in seinem Heft die Verkehrszeichen markieren, die für den eigenen Schulweg wichtig sind.

Sicher im Straßenverkehr (Kopiervorlage 9)

Die Illustration gibt Einblick in ein Straßen- und Wegenetz, das von den Kindern Mario, Anna, Tom und Sven benutzt werden muss, um in die Schule zu kommen, Einkäufe zu erledigen und sich nachmittags zu treffen.

Die Schülerinnen und Schüler sollen sensibilisiert werden für die Wahl sicherer Wege, auch wenn sie im Einzelfall eine weitere Strecke zurücklegen müssen.

Um diese Entscheidungen treffen zu können, sollte zunächst das Straßennetz auf der Zeichnung genauer betrachtet und farbig gekennzeichnet werden:

Es gibt Hauptstraßen mit weißen unterbrochenen Mittellinien und Nebenstraßen, die verkehrsärmer und damit ungefährlicher sind. Dieses Wissen ist vor allem bei der Wahl des Weges von Mario zu Sven zu beachten: Er geht über die Nebenstraße und nicht über eine ungeregelte Hauptstraße.

Es gibt verschiedene Möglichkeiten, sicher zum Ziel zu gelangen. Eine Begründung der Kinder für ihre Wahl ist deshalb sehr wichtig.

Die Kinder können die Wege mit verschiedenfarbigen Stiften einzeichnen. Zur Anwendung und Festigung ihres Wissens sollten die Kinder sich gegenseitig weitere Aufgaben stellen (in Partner- oder Gruppenarbeit möglich). Wichtig sind auch hier die Begründungen für die Wahl der Wege, die von den Kindern dargelegt werden sollten. Der Partner oder die Gruppe entscheidet dann, ob der Weg sinnvoll gewählt wurde.

Sachinformation

Folgende häufig auftretende Verkehrszeichen sind abgebildet:
- Verkehrsberuhigter Bereich („Spielstraße")
- Schülerlotsen/Verkehrshelfer
- Fußgängerüberweg
- Fußgänger
- Verkehrsampel für Fußgänger
- Bahnübergang, Andreaskreuz
- Radweg
- gemeinsamer Rad- und Fußweg
- Haltestelle

Kopiervorlagen	6, 7, 8, 9
Freiarbeitsmaterial	Klasse 1: Verkehrszeichenmemory, Das große Schulwegspiel
Lesebuch	Seite 22
Sprachbuch	Seite 10, 11

Du und ich und wir

Vorüberlegungen zum Kapitel
Dieses Kapitel geht über die Beziehungsgefüge in der Schule hinaus, obgleich viele der hier besprochenen Probleme auch das Zusammenleben der Kinder in der Schule betreffen.
Die Kapiteleingangsseite eröffnet die emotionale Dimension dieses Themas. Eine Schaukel bildet das zentrale Bild dieser Collage. In dem Kapitel geht es um das Auf und Ab in den Beziehungen zu anderen Menschen und in den eigenen Gefühlen. Auf den sechs Seiten soll den Kindern Gelegenheit zum Nachdenken gegeben, aber auch konkrete Hilfen angeboten werden. Wie können sie z.B. in Konfliktfällen, in denen die Schwächeren meist den Kürzeren ziehen (und eventuell gehören sie ja dazu), zu einem vernünftigen Miteinander kommen? Ihnen soll ins Bewusstsein gerückt werden, dass gute Beziehungen zu anderen immer eine zweiseitige Angelegenheit sind.
Den Abschluss des Kapitels bildet eine Einheit zur Prävention in Bezug auf Missbrauch. Hier steht die Stärkung der Ich-Kompetenz der Schülerinnen und Schüler im Mittelpunkt: Wie kann ich meinen eigenen Standpunkt vertreten, mich abgrenzen?

Lernziele
2.2.2 Meine Person
- Gefühle und Empfindungen äußern
- Einen eigenen Standpunkt vertreten: Mitmachen, Nein-Sagen (Prävention)
- Das eigene Verhalten als Grundlage für Beziehungen erkennen
- Die Verantwortung für sich selbst erkennen und wahrnehmen (Prävention)
- Erste Einblicke in die Entwicklung des eigenen Lebens gewinnen (vgl. Kopiervorlagen 50 und 51)

Literatur
Arbeitsgemeinschaft Jugend und Bildung e.V. Wiesbaden in Zusammenarbeit mit dem Bundesministerium für Familie, Senioren, Frauen und Jugend (Hrsg): Mädchen und Jungen: gleichberechtigt – nicht gleichgemacht. Unterrichtsprojekte, Arbeitshilfen, Übungen, Rollenspiele. (Broschüre und Arbeitsblöcke für Schülerinnen und Schüler kostenlos bestellbar bei Universum Verlagsanstalt, 65175 Wiesbaden, Tel. 0611/9 030 259, www.universum.com).

Braun, G.: Ich sag' NEIN. Arbeitsmaterialien gegen den sexuellen Missbrauch an Mädchen und Jungen. Verlag an der Ruhr, Mühlheim, 1992

Hagedorn, O.: Konfliktlotsen. Unterrichtsideen. Ernst Klett Schulbuchverlag, 1992

Badegruber, B.: Spiele zum Problemlösen. Band 1: für Kinder im Alter von 6 bis 12 Jahren. Veritas Verlag, Linz, 1994

Portmann, R.: Spiele zur Entspannung und Konzentration. Bosco Verlag, 1996

Faller, K.: Mediation in der pädagogischen Arbeit. Ein Handbuch für Kindergarten, Schule und Jugendhilfe. Verlag an der Ruhr, Mühlheim, 1998

Vopel, K.: Kommunikation im 1. Schuljahr. Interaktionsspiele für Schulanfänger. Band 1 und 2, Salzhausen, 1994

Moras, J.: Tolle Freundschaftsbänder. Christopherus Verlag, Freiburg, 1995

Du und ich und wir   Seite 13
Zur Arbeit mit der Seite
Um das Zentralbild der Schaukel gruppieren sich verschiedene Situationen: Streit, Alleinsein im Kummer, Spiel zu zweit und in einer Mannschaft, Freundschaft mit Tieren, ein schönes Erlebnis mit Erwachsenen haben (Fahrradausflug), älteren Menschen begegnen.
Den Kindern sollte, von den Fotos inspiriert, Zeit gelassen werden, darüber nachzudenken, was sie gern mit anderen zusammen machen und wann sie lieber allein sind. Dies kann sowohl mündlich geschehen, als auch schriftlich oder zeichnerisch festgehalten werden. Die letzten Varianten haben den Vorzug, dass die Kinder zunächst bei sich selbst bleiben und sich nicht von den Worten der anderen beeinflussen lassen. Diese Selbstreflexion kann in den Ich-Heften gesammelt werden.
Die unten abgebildeten drei Bücherwürmer sind den Kindern nur bekannt, wenn in ihrer Klasse der Lehrwerksverbund gewählt wurde. Sie sind verschieden anzusehen und haben doch Gemeinsamkeiten. Welche das sind, kann mit den Kindern erörtert werden.

Lesebuch   Seite 46, 47, 48, 50, 53, 54, 55

Seite 14/15 Das bin ich

Zur Arbeit mit den Seiten

Das bin ich

Anhand dieser Seite besprechen die Kinder zunächst, was sie über das im Buch abgebildete Kind erfahren. Jedes Kind ist anders, so sollen die Kinder in einem eigenen Ich-Blatt (Kopiervorlage 10) Aussagen über sich selbst machen. Die Kinder können sich dann ihre Ich-Blätter gegenseitig vorstellen. Dies kann auch als Rätsel gestaltet werden, indem die anderen Kinder der Klasse zunächst vermuten, welches Hobby, Lieblingsfach etc. das Kind hat.

Der Bücherwurm weist auf die Möglichkeit hin, die Beschäftigung mit der eigenen Person ausführlicher zu gestalten und ein Ich-Buch z.B. als Leporello zu gestalten. Dies könnte im gemeinsamen Unterricht begonnen und dann in der Freiarbeit weitergeführt werden. In so einem Ich-Buch oder Ich-Heft können die Kinder ausführlicher über sich berichten, es könnten auch Texte, Fotos und Zeichnungen eingefügt werden. Diese Ich-Bücher sind sicher auch ein anregender Leseanlass, wenn sie in der Lese-Ecke länger zur Verfügung stehen.

Gefühle zeigen

Auf Seite 15 stehen die Gefühle und Empfindungen der Kinder im Vordergrund. In einem Gesprächskreis tragen sie zusammen, welche Gefühle sie kennen (z.B. ich freue mich, ich bin traurig, ich bin mutig, ich bin so alleine, ich schmuse gern, ich weine) und mit welchen Situationen diese Gefühle auftreten. Der Lehrer/die Lehrerin schreibt die Äußerungen auf Zettel (z.B. „Ich bin traurig, wenn ich in der Pause alleine bin."). Anschließend ziehen die Kinder die Zettel und spielen den anderen vor, wie sie sich fühlen. Die anderen sollen es erraten und danach über ihre Gefühle sprechen. Daran anschließen sollte sich die Besprechung der Seite 15. Welche Gefühle hat das Kind im Buch? Kennen die Kinder gleiche oder ähnliche Situationen? Analog zur Seite im Buch kann dann jedes Kind seine eigene Gefühlsseite mit der Kopiervorlage 11 gestalten.

Kopiervorlagen 10, 11

Lesebuch Seite 24, 25, 26, 27, 44, 45, 49, 56

Seite 16/17 Freunde finden

Zur Arbeit mit den Seiten

Bei der Bearbeitung des Themas „Freunde" sollen die Kinder erkennen, dass Beziehungen zwischen Menschen immer auf Gegenseitigkeit aufbauen und einer ständigen Pflege bedürfen. Freunde sind füreinander da, sie ergänzen sich, stellen nur solche Forderungen aneinander, die jeder für sich auch akzeptiert.

Die beiden Gedichte im Schülerbuch wurden in verkürzter Form abgedruckt und sollten den Kindern als Leseblatt im vollen Wortlaut gegeben werden.

Freunde

Der Tag hat viele Stunden,
viel Tage hat das Jahr,
und ich, ich habe Freunde,
und das ist wunderbar.

Wer einen guten Freund hat,
der bleibt kein Sauertopf,
der hat mehr Kraft im Arme,
der hat mehr Grips im Kopf.

Doch auf dem Weg zur Freundschaft,
da liegt ein großer Stein:
Wer gute Freunde möchte,
muss selber einer sein.

Der Tag hat viele Stunden,
viel Tage hat das Jahr,
und ich, ich habe Freunde,
und das ist wunderbar.

Alfred Könner

Lückenbüßer

Bei Jörg ist das so:
Ist der Marc bei ihm,
dann lässt er mich stehen,
und ich kann nach Hause gehen.

Ist der Sven bei ihm,
dann lässt er mich stehen,
und ich kann nach Hause gehen.

Ist die Silke bei ihm,
dann lässt er mich stehen.
Und ich kann nach Hause gehen.

Ist der Jörg aber allein,
dann sagt er: „Komm rein!"

Regina Schwarz

Ausgehend von einem Unterrichtsgespräch über die Gedichte könnten die Kinder aufgefordert werden, beim Malen ihres Freundes/ihrer Freundin über die Eigenschaften nachzudenken, die sie besonders an ihm/ihr schätzen. Diese Eigenschaften sollten sie nach Fertigstellung ihres Bildes (auf Kopiervorlage 12) auf einen Zettel schreiben und gemeinsam mit dem Bild auf einer Pinnwand ausstellen. In einem anschließenden Gespräch kann jedes Kind seine Aussagen vorlesen, kommentieren und auf Nachfragen hin präzisieren. Themen wie Zuverlässigkeit, Freundlichkeit, teilen können, Hilfsbereitschaft, gewaltfreies miteinander Umgehen u.a. lassen sich entsprechend der konkreten Bedingung in der Klasse problematisieren.

Mit der im Buch dargestellten Auswertung einer Befragung nach gewünschten Eigenschaften von Freunden im unteren

Bereich der Seiten lernen die Kinder erste statistische Verfahren kennen und können sie dann selbst anwenden:
Die von den Kindern genannten positiven und negativen Eigenschaften, die sie sich bei ihren Freunden/innen wünschen bzw. nicht wünschen, können an der Tafel gesammelt werden. Mehrfach genannte Eigenschaften erhalten einen Strich für jede weitere Nennung. Durch dieses Vorgehen bei der statistischen Auswertung der Aussagen kann eine Rangfolge der Eigenschaften ermittelt werden, über die im Folgenden gesprochen werden kann. Es bietet sich weiterhin an, die möglicherweise differenten Wünsche von Jungen und Mädchen zum Ausgangspunkt zu nehmen, um über unterschiedliche Lebensvorstellungen und Ich-Konzepte zu reden und gegenseitiges Verständnis zu entwickeln.

Die Frage des Bücherwurms auf Seite 17, ob das ein Weg sei, Freunde zu finden, eröffnet einen neuen Fragenkomplex. Wie bekomme ich Freunde? Das Beschenken von anderen Kindern ist ein wenig taugliches Instrument für den Beginn einer anhaltenden Freundschaft, da sie Verpflichtungen und Abhängigkeiten schafft. Besonders bei den Kindern, die in der Klasse nicht so gut integriert sind, wird das eine interessante Diskussion auslösen können. Diese Diskussion sollte jedoch sehr sensibel geführt werden, damit nicht als Resultat eine neue Ausgrenzung bzw. Verletzung erfolgt. Beim gemeinsamen Spielen und Lernen können sich die Kinder besser kennen und schätzen lernen.

Weitere Anregungen und Materialien
Freundschaftsbänder sind beliebte Verzierungen am Handgelenk. Solche Bänder könnten von den Kindern selbst hergestellt und verschenkt werden. Gleichzeitig haben diese Bänder noch eine tiefere Bedeutung. Sie werden selbst geknüpft und danach einem Freund/einer Freundin geschenkt, der/die sich beim Umbinden etwas wünschen darf, das, so wird gesagt, in Erfüllung geht, wenn sich das Freundschaftsband, das immer umgebunden bleiben soll, aufgelöst hat (vgl. Moras, 1995).

Kopiervorlage	12
Lesebuch	Seite 24, 25, 34, 35, 36, 39, 41, 42, 43
Sprachbuch	Seite 24, 25

Seite 18/19   Was uns kränkt – Was uns stärkt
Zur Arbeit mit den Seiten
Die Bearbeitung dieser Seiten kann auch dann erfolgen, wenn sich eine entsprechende Situation in der Klasse ergibt.
Die über beide Seiten waagerecht durchgehend farbige Unterlegung soll grafisch zusammenführen, was zusammen gehört: Drei Situationen, die so oder ähnlich häufig im Zusammenleben der Kinder vorkommen, werden jeweils links als Konflikt beschrieben. Auf der rechten Seite wird eine gewaltlose Methode zur Konfliktbewältigung angeboten. Zunächst wird auf der linken Seite immer die Gruppensituation beschrieben. Dann kommt der Verlierer, das betroffene Kind, zu Wort. Die Ausdrücke, die von diesem Kind gewählt wurden, sind generalisierend: immer, keiner, nie. So empfinden Kinder oft eine ungerechte Situation: als ganzheitlich, sie können nicht differenzieren oder relativieren. Diese abgebildeten Kinder sind offenbar solche, denen keine konstruktive Lösung ihrer Probleme möglich ist, die verzagen, sich mit ihrem Kummer zurückziehen.

Alle drei Situationen sollten im Rollenspiel in Gruppen erprobt werden. Dabei ist es besonders wichtig, dass in den Gruppen die Rollen mehrmals getauscht werden. Für Kinder, die das Gruppenverhalten nicht als so negativ einschätzen, ist es wichtig, auch einmal in die Rolle des Außenseiters zu gelangen, damit sie sie besser nachempfinden und beurteilen können.
Anschließend kann das Rollenspiel im Kreis vorgespielt werden. Die Frage, wie sich die Kinder in ihrer jeweiligen Rolle gefühlt haben, kann jetzt aus eigener Erfahrung beantwortet werden. Wahrscheinlich sind die Antworten auf diese Fragen recht vielschichtig.

Die Frage nach ähnlichen Situationen aus der Erfahrung der Kinder ist sehr wichtig. Bei einigen Kindern werden verdrängte Bilder und Ängste wieder aufleben. Dieses Gespräch sollte sehr sensibel geführt werden.

Auf der rechten Seite werden den Kindern nun Hilfen für solche und ähnliche Konflikte angeboten. Die Kinder sollten sich aber auch selbst Vorschläge für die Lösungen der im Buch dargestellten Konflikte ausdenken.

Zur 1. Situation: Gerechtes Auswählen
1. Dazu eignen sich alle Bilder, jedoch am besten einfache Postkarten. Die Gruppenstärken werden festgelegt. Pro Gruppe gibt es eine Postkarte. Diese werden in so viele Teile zerschnitten, wie die Gruppen Mitglieder haben sollen, und verdeckt auf den Tisch gelegt (auf dem Foto waren es drei Bildteile, also gehören drei Kinder zu einer Gruppe). Nun werden die Schnipsel gemischt, jedes Kind zieht einen Schnipsel. Die Kinder schauen, wer zu ihrem Bild passt, und puzzeln die Schnipsel wieder zum Bild zusammen. Die Mitglieder der Gruppen haben sich so gefunden!
2. Die Erklärung über dem Foto wurde für die Zusammenstellung von Zweiergruppen gemacht. Für je eine Zweiergruppe wird eine Schnur gebraucht. Ein Spielleiter oder die Lehrerin/der Lehrer legt die gleich langen Schnüre übereinander, fasst sie in der Mitte und hält sie in der Hand. Alle Kinder stellen sich um diese Person auf und fassen an einem Schnurende an. Wenn alle Schnüre straff gezogen sind, lässt der Spielleiter sie los. Auf diese Weise haben sich die zwei Partner am jeweiligen anderen Ende der Schnur gefunden.

Wenn das ganze für Vierergruppen gemacht werden soll, dann müssen jeweils zwei Schnüre übereinander gelegt und in der Mitte miteinander verknotet werden. Der Spielleiter hält die Knoten in seiner Hand. Alle Kinder stellen sich wieder um ihn, greifen ein Schnurende. Der Spielleiter lässt los und nun sind vier Partner zusammen. Das „Herausfitzen" der an einer verknoteten Schnur mit vier Enden hängenden Partner dauert etwas länger. So kann man prinzipiell für alle Gruppengrößen Schnüre aneinanderbinden.

Zur 2. Situation: Beschimpfen

Die Kinder sollten darauf aufmerksam gemacht werden, dass das Plakat mit den beleidigenden Wörtern meist mit mehr Wörtern versehen und schneller gefüllt ist als das Plakat der bestärkenden Wörter. Das Vergraben dieses Plakates (nach einer Idee aus dem Konfliktlotsentraining) bringt zwar keine Abkehr von der Verwendung dieser Wörter, hat aber auf die Kinder eine befreiende Wirkung.

Zur Vorbereitung auf das Plakat der bestärkenden Wörter empfiehlt sich folgendes Spiel:
Kinder sitzen im Kreis, ein Wollknäuel wird einem Kind zugeworfen und dabei wird ihm etwas Gutes gesagt. Das Kind wickelt den Faden um den Finger und wirft das Knäuel mit einem guten Wort an ein nächstes Kind. Das wird so lange gemacht, bis alle Kinder miteinander versponnen sind. Wenn beim ersten Werfen quer durch den Kreis geworfen wird und dieses Prinzip beibehalten wurde, ist dann ein Netz entstanden, ein Netz guter Worte, das uns verbindet. Dies sollte man mit den Kindern bewusst genießen und auf sie wirken lassen.

Zur 3. Situation: Streit um ein Spiel

Hier wird den Kindern empfohlen, eine Warteliste einzurichten. So eine Warteliste kann im Klassenzimmer frei hängen. Für das jeweilige Material oder Spiel wird ein Selbstklebeetikett geschrieben und es kann auf den Plan geklebt und ausgewechselt werden, so dass die Liste das ganze Schuljahr genutzt werden kann. Die Holzklammern mit dem Namen der Kinder hängen unten an der Liste oder liegen in einem Körbchen.

Weitere Anregungen und Materialien

Das Erreichen eines gewaltfreien, konfliktarmen, vertrauten Miteinanderumgehens ist eine Daueraufgabe in unserer Erziehung.
Deshalb sollten Konflikte zwischen den Kindern besprochen und ihnen im alltäglichen Schulleben auch Wege aufgezeigt werden, diese gewaltfrei zu lösen. Für höhere Jahrgangsstufen haben sich Mentorenschulungen bewährt, aber auch schon in der zweiten Jahrgangsstufe können Rituale zur Streitschlichtung eingeführt werden.

Streit vermeiden oder schlichten, Konflikte lösen

Haare waschen
Wenn zwei Kinder sich nach einem Konflikt, z.B. nach der Pause, nicht mehr verständigen können, hilft oft das gegenseitige „Haare waschen". Wer die höhere Augenzahl würfelt, darf anfangen, den Frisör zu spielen. Das andere Kind sitzt vor ihm auf dem Stuhl, es steht dahinter und beginnt dem Kontrahenten die Haare, ohne Wasser, leicht mit den Händen zu massieren. Dabei darf das Frisörkind dem anderen alles sagen, was weh tat oder was es empfunden hatte. Das sitzende Kind muss schweigend zuhören. Danach wird gewechselt.
Meist löst sich der Konflikt rasch auf, wenn jeder seine Empfindungen loswerden konnte. Auch die sanfte Berührung des anderen stimmt friedlich.

Entschuldigungsbrief
Bei groben körperlichen und seelischen Verletzungen sollte der Verursacher sich beim Geschädigten schriftlich entschuldigen.

Eine weitere Möglichkeit zur Sensibilisierung der Kinder zu behutsamem Umgang miteinander und zur Entspannung sind folgende Spiele.

Stille Post
Alle Kinder sitzen entweder im Kreis, drehen sich rechts um und schreiben oder malen auf den Rücken des jeweils vor ihnen sitzenden Kindes (auch als Partnerübung in der Bankreihe möglich), z.B. Buchstaben oder Wörter.

Waschstraße
Kinder stehen sich paarweise gegenüber und ein Kind geht durch die Gasse und wird vorsichtig abgerieben.

Klammermännchen (Wäscheklammerigel)
Ein Kind liegt auf dem Bauch in der Mitte, die anderen Kinder zwicken vorsichtig Klammern an seine Kleidung, ohne ihm weh zu tun.

Lesebuch   Seite 32, 33
Sprachbuch   Seite 22, 23

Nein sagen   Seite 20

Zur Arbeit mit der Seite

Eine Aufgabe der Grundschule besteht darin, zur Stärkung der Ich-Kompetenz der Kinder beizutragen. Dies beinhaltet auch die Befähigung der Kinder, in verschiedenen Situationen angemessen zu reagieren.
Ein wesentliches Feld nimmt dabei der auf dieser Seite thematisierte sensible Bereich der Aufklärungs- und Präventionsarbeit in Bezug auf das Thema Missbrauch ein. Bereits im Elternhaus wird diese Arbeit mehr oder weniger gut geleistet. Warnungen und Verbote, wie „Nimm keine Süßigkeiten von Fremden!"; „Lass keine Fremden in die Wohnung!" u.a. werden erteilt. Diese Warnungen und Verbote schränken die Wahrnehmungsbereiche der Kinder ein

und sind darüber hinaus viel zu kurz gegriffen, denn in den meisten Fällen sexuellen Missbrauchs sind die Täter im eigenen Familien- bzw. im engeren Bekanntenkreis zu finden.

Eine sinnvolle präventive Erziehung sollte deshalb nicht nur darin bestehen, Warnungen und Verbote auszusprechen, deren tatsächliche Bedeutung die Kinder in den seltensten Fällen verstehen und die bei ihnen Gefühle der Verunsicherung, der Angst, der Ohnmacht und des Ausgeliefertseins verstärken. Sie sollte dazu beitragen, die Kinder zu selbstbewussten, handlungsfähigen Persönlichkeiten zu erziehen, die ihr Unbehagen artikulieren, ihren Gefühlen vertrauen und darüber auch sprechen können.

Gerade hier werden oft bereits im Elternhaus Schranken gesetzt, die Kinder verunsichern, sie abstempeln, und als ungezogen, bockig, frech oder undankbar verunglimpfen. Der „obligatorische" Kuss der Oma bei der Begrüßung, die geforderte Umarmung als Geste der Dankbarkeit und viele andere Dinge, die von einem höflichen Kind erwartet werden, sind nur einige ausgewählte Rituale.

Mit der Bearbeitung der Seite 20 sollen die Kinder animiert werden, über solche Situationen zu sprechen. Sie sollen darin bestärkt werden, dann laut „Nein" zu sagen und sich zu verweigern, wenn eine bestimmte Situation ihnen unangenehme, komische oder schlechte Gefühle bereitet.

In den vier Bildern sind jeweils Situationen beschrieben, in denen Kinder sich unbehaglich oder überrumpelt vorkommen können und nicht mit dem einverstanden sind, was und wie etwas geschieht:

Der Fußballtrainer, der den Jungen häufig in den Arm nimmt, die Oma oder Tante, die auf einem Begrüßungskuss besteht, die Freunde, die den Jungen überreden wollen, zu dritt auf ein anderes Kind „loszugehen", der Handwerker, der klingelt, und das Kind, das alleine zuhause ist, weiß nicht, ob es öffnen soll. Aus der Gestik und Mimik der Kinder ist „abzulesen", dass es ihnen unangenehm ist, was mit ihnen passiert.

Das Betrachten der Bilder soll die Kinder darauf lenken, auf ihre eigenen Gefühle zu achten und diese deutlich zu machen. Sie sollen sich zunächst zu den Situationen äußern. Dann sollen sie von außen darauf schauen: Welchen Rat könntest du den Kindern geben? Das erfordert ein hohes Maß an Einsichten in die Problematik und sollte behutsam von der Lehrerin/dem Lehrer gelenkt werden. Den Kindern sollte bewusst gemacht werden, dass es zur Wahrnehmung der eigenen Rechte gehört, sich zu verweigern und „Nein" zu sagen, auch Erwachsenen gegenüber. Sie sollten darüber sprechen, dass es Regeln für ein Miteinanderleben und -lernen gibt, die anderen Menschen das gleiche Recht ihnen gegenüber auch einräumt. Dies sollte spielerisch geübt werden.

Nein sagen mit Worten
Gemeinsam mit den Kindern verschiedene Formen des Nein-Sagens durchspielen.
1. Das leise Nein. Kind sagt leise Nein und schaut verlegen nach unten oder zur Decke.
2. Das laute selbstbewusste Nein. Kind ruft laut Nein, stellt sich gerade hin und hebt den Kopf.

Anschließend über die Wirkung der beiden Nein sprechen. Gemeinsam in verschiedenen Lautstärken Nein sagen üben.

Nein sagen ohne Worte
Nein sagen mit dem Gesicht; Nein sagen mit dem Körper; Nein sagen mit den Händen; usw.

Gespräche führen über folgende Themen:
1. Wo und wann sollte das „Nein" durchgesetzt werden?
2. Wie kann das Kind die körperliche Selbstbestimmung wahren?

Beispiele:
– Kinder sollten nicht in Geschlechterrollen (typisch Mädchen, typisch Junge) gedrängt werden – auch nicht in der Schule.
– Kinder sollten unangenehme Berührungen ablehnen dürfen.
– Kindern soll freie Meinungsäußerung gewährt werden.
– Kinder sollten auch außerhalb der Familie vertraute Personen haben, denen sie alle Geheimnisse anvertrauen könnten.
– Kinder sollen alleine in Bad und Toilette sein dürfen.

Sachinformation
Bei diesem Thema sollten Sie sich bei den örtlichen Stellen (Polizei, Kinderschutzbund, pro familia o.Ä.) nach Adressen, Ratgebern, Ansprechpartnern und Broschüren erkundigen. Viele Anregungen bietet auch die Broschüre „Mädchen und Jungen".

Kopiervorlage 13

Familiengeschichten

Vorüberlegungen zum Kapitel
Eine Geschichte von zwei befreundeten Familien bestimmt dieses Kapitel. Die beiden Familien besuchen sich. Bereits auf der Kapiteleingangsseite werden Familienregeln und -rituale thematisiert: Wer kauft ein, kocht, verpackt Geschenke? Die Kinder können sich hier die Umgangsformen in ihrer Familie bewusst machen und sie mit anderen vergleichen. Wie man gemeinsame Entscheidungen in der Familie finden kann und dafür auch Verantwortung übernimmt, wird auf den folgenden Seiten an den Themen „Mithilfe im Haushalt – Die Arbeit teilen" und „Freizeitgestaltung" gezeigt.

Bei der Freizeitgestaltung kommt auch das Lernziel „mit Geld überlegt umgehen" (S. 23) in den Blick und kann mithilfe der Kopiervorlage 15 vertieft werden. Dieses Thema sollte auch bei einem Elternabend besprochen werden.

Da die Kinder in der zweiten Jahrgangsstufe nun schon über einen größeren Aktionsradius verfügen, sollten sie die Möglichkeiten der Freizeitgestaltung am Ort genauer erkunden (S. 24). Hier sollte unbedingt auf die unterschiedlichen Interessen, Bedürfnisse und Wünsche bei der Freizeitgestaltung von Mädchen und Jungen eingegangen werden.

Zum Abschluss der Geschichte des gegenseitigen Familienbesuchs wird noch einmal das Zusammenleben in der Familie thematisiert und die Möglichkeiten der Kinder, hier mitzugestalten (S. 25).

Das Thema „Haustiere" fügt sich in das Familienkapitel ein. Am Beispiel des Hundes werden die Bedürfnisse dieses Tieres und Möglichkeiten der Haltung exemplarisch erarbeitet. In den sich anschließenden Einheiten „sich über Haustiere informieren" und „die Arbeitsergebnisse vorstellen" lernen die Kinder Verfahren kennen, sich in Interessengruppen über weitere Haustiere selbstständig kundig zu machen und ihre Arbeitsergebnisse vorzustellen.

Lernziele
2.2.2 Meine Person
- Gefühle und Empfindungen äußern

2.3.1 Freizeitgestaltung am Ort
- Möglichkeiten der Freizeitgestaltung erkunden und für das eigene Freizeitverhalten nutzen
- Freizeitgestaltung im Wandel der Zeit

2.3.2 Geld
- Wünsche, die nicht mit Geld erfüllt werden können, zusammenstellen und darüber nachdenken
- Mit Geld überlegt umgehen
- Den Zusammenhang zwischen Arbeit und Geld erkennen

2.4.1 Lebensgemeinschaft Familie
- Vielfalt der Umgangsformen, Regeln und Rituale vergleichen
- Entscheidungen finden und Mitverantwortung tragen

2.4.2 Haltung eines Haustieres
- Bedürfnisse eines Haustieres kennen
- Gründe für die Haltung abwägen

Literatur
Fölling-Albers, M.: Veränderte Kindheit – revisited. Konzepte und Ergebnisse sozialwissenschaftlicher Kindheitsforschung der vergangenen 20 Jahre. In: Fölling-Albers, M.; Richter, S.; Brügelmann, H.; Speck-Hamdan, A. (Hg.): Jahrbuch Grundschule III. Seelze 2001, S. 10–51

Familiengeschichten — Seite 21
Zur Arbeit mit der Seite
Auf dieser Kapiteleingangsseite wird die Geschichte, die sich durch das ganze Kapitel zieht, eingeführt: Eine Familie hat die andere zu einem Besuch eingeladen, beide Familien sind bei den Vorbereitungen zu diesem Besuch zu sehen. An den Bildern können die Kinder erkennen, dass es sich um unterschiedliche Familien handelt: eine Familie mit Vater, Mutter und zwei Kindern (Familie Kösemen) sowie eine allein erziehende Mutter mit ihrem Sohn (Familie Berger).

Hier können unterschiedliche Familienformen besprochen werden: auch in der Klasse gibt es sicherlich sehr unterschiedliche Familienformen. Eine Seite für das Ich-Buch mit dem Inhalt „Das ist meine Familie" kann dazu gestaltet werden.

Anhand der Vorbereitungen, mit denen die Familien beschäftigt sind, können Familienregeln und -rituale thematisiert werden. Wer bereitet Geschenke vor, packt die Sachen zusammen, die mitgenommen werden müssen, wer kocht, kauft ein?

Mit der Frage, die unten auf der Seite gestellt wird, sollen die Kinder angeregt werden, von ihren familiären Gewohnheiten zu erzählen. Dieses Gespräch sollte sehr sensibel von dem Lehrer oder der Lehrerin geführt werden, da sicher auch über „schlechte" Gewohnheiten in Familien von den Kindern berichtet wird.

Sachinformation

Das verheiratete Ehepaar mit leiblichen Kindern ist auch heute noch die „Normalform" der Familie, in den 1990er Jahren wuchsen noch ca. 80% der Kinder bei ihren verheirateten, leiblichen Eltern auf. Allerdings nehmen die Familienformen, die nicht diesem Muster entsprechen, zu: nichteheliche Lebensgemeinschaften mit Kindern, Ein-Eltern-Familien und Stiefelternschaften (Wiederverheiratungen). Die Familiengröße hat abgenommen, etwa drei Viertel der Kinder wächst in Ein- und Zweikindfamilien auf, nur ein Fünftel der Kinder in Drei-Kind-Familien.

Die familiären Erziehungsmuster haben sich verändert. Gehorsam, Disziplin, Pünktlichkeit sind für Eltern keine vorrangigen Erziehungsziele mehr. Sie wurden ersetzt durch Selbstständigkeit, Selbstbewusstsein, Fantasie, Kooperation und Hilfsbereitschaft. Argumentation, Überreden und Aushandeln sollen Kinder zum gewünschten Verhalten bewegen.

(nach Fölling-Albers 2001)

Sprachbuch   Seite 34, 35, 36, 37

Seite 22   **Die Arbeit teilen**

Zur Arbeit mit der Seite

Planung gemeinsamer Aktivitäten

Nach dem Essen, beim Kaffee, überlegen Familie Berger und Kösemen, wie sie den Nachmittag gestalten wollen. Das obere Bild zeigt die Familienmitglieder bei der Diskussion. In einem Unterrichtsgespräch können sich die Kinder austauschen, wie bei ihnen Entscheidungen über die Freizeitgestaltung getroffen werden. Dabei sollte erarbeitet werden, wie die Wünsche aller Familienmitglieder diskutiert und berücksichtigt werden können und wer die Planung übernimmt. Wie können Entscheidungen in Familien getroffen werden, welche Mitverantwortung tragen dabei die Familienmitglieder? Dies ist bereits ein erster Aspekt des Seitenthemas „Die Arbeit teilen".

Hausarbeit in der Familie

Die untere Hälfte der Seite geht auf einen weiteren wichtigen Bereich beim Zusammenleben von Familien ein: die Hausarbeit. Einige Kinder kennen sicherlich die Möglichkeit, einen Arbeitsplan zu führen, wie er hier abgebildet ist. Nach dem Lesen des Arbeitsplans kann diskutiert werden: Es sind alle Familienmitglieder berücksichtigt, Hausarbeit ist also nicht nur die Sache der Mutter. Welche Arbeiten übernehmen die Eltern? Wo können Kinder mithelfen? Über das Sprichwort „Viele Hände machen der Arbeit ein schnelles Ende" kann das Gespräch zum Grund der Anlage so eines Plans geführt werden.

Anschließend sollten sie die dargestellte Lösung mit der Regelung in ihrer eigenen Familie vergleichen. Hier kommen sicherlich ganz unterschiedliche Gewohnheiten und Regeln in Bezug auf die Erledigung der Hausarbeit zur Sprache. Sie sollten diskutiert werden. Wichtig ist dabei, dass die Kinder auch überlegen sollten, welchen Beitrag sie selbst zur Erledigung der anfallenden Hausarbeit leisten können.

Mit Kopiervorlage 14 kann jedes Kind einen individuellen Arbeitsplan erstellen.

Kopiervorlage   14

Lesebuch   Seite 127

Sprachbuch   Seite 40

Mit Geld überlegt umgehen   **Seite 23**

Zur Arbeit mit der Seite

Anhand der Preise des Spaßbads und des Zoos können die Kinder berechnen, was der gemeinsame Familienausflug wohl kosten würde. Sie sollten dies in Gruppenarbeit tun und dann die Preise vergleichen.

Bei der Entscheidung für Freizeitaktivitäten spielt allerdings nicht nur der Kostenfaktor eine Rolle. In einem Klassengespräch sollte diskutiert werden, dass auch andere Faktoren für die Entscheidung der Kinder im Schülerbuch eine Rolle spielen können.

Im unteren Teil der Seite wird deutlich, dass sich die Familien für den Zoo entschieden haben. Hier sollte besprochen werden, welche Gründe – auch nicht-finanzielle – dafür den Ausschlag gegeben haben könnten.

Auf dieser Seite wird auch der selbstständige Umgang von Kindern mit Geld thematisiert. Die drei Kinder haben offensichtlich Geld für den Zoobesuch bekommen, das sie ausgeben dürfen. Sie überlegen nun bei der Fülle von Angeboten, wofür sie ihr (Taschen-)Geld ausgeben (Naschereien, Vorführungen, Andenken, Essen und Getränke, Spielangebote). Es gibt auch kostenlose Angebote. Die Kinder könnten in Gruppen überlegen, wie sie ihren Nachmittag im Zoo mit einer bestimmten Geldmenge planen würden.

Anschließen sollte sich eine Unterrichtseinheit darüber, wie die Kinder in der Klasse mit dem ihnen zur Verfügung stehenden Geld umgehen. Die Kopiervorlage 15 bietet hierzu Anregungen. Zunächst sollte sich jedes Kind genau überlegen, wofür es Geld ausgibt. Die Kinder können als vorbereitende Aufgabe ein bis zwei Wochen lang ihre Einnahmen und Ausgaben notieren. Anhand dieser Liste und der KV 15 lässt sich überlegen, ob sie ihr Geld wirklich für diejenigen Dinge ausgeben, die ihnen wichtig sind. Ein Ergebnis dieser Analyse könnte sein, dass sich die Kinder für bestimmte Ausgaben (z.B. Süßigkeiten) ein bestimmtes Limit setzen.

Auch Sparen sollte thematisiert werden: Wie kann ich mir größere Wünsche durch regelmäßiges Sparen erfüllen? Wie

lange muss ich jede Woche 1 Euro, 2 Euro … zurücklegen, um 20 Euro für eine größere Anschaffung anzusparen (ausrechnen lassen)?
Im mittleren Teil der KV 15 wird die Beeinflussung durch Werbung und anderes angesprochen. Die Schule hat eine erzieherische Aufgabe um vorzubeugen, dass aus dem Markenbewusstsein, das bei Kindern in diesem Alter oft schon vorhanden ist, Marken„terror" wird.
Beim Thema Geld ist auch wichtig darüber nachzudenken, dass viele Wünsche im Leben nicht mit Geld erfüllt werden können. Dazu bietet der untere Teil der KV 15 eine Anregung. In einem vorbereitenden Klassengespräch sollte diese Thematik aufgenommen und diskutiert werden.

Sachinformation
Das Taschengeld und der Umgang damit sollte bei einem Elternabend besprochen werden. Dabei ist nicht so sehr die Höhe des Taschengeldes entscheidend, sondern dass die Kinder regelmäßig einen kleinen Beitrag erhalten, über den sie alleine verfügen dürfen. Sehr unregelmäßig gegebene Beträge und der Entzug von Taschengeld als erzieherische Maßnahme sollten vermieden werden.
Informationsmaterial zum Thema Taschengeld gibt es bei Sparkassen und Banken.

Kopiervorlage 15

Seite 24 — Freizeit gestalten
Zur Arbeit mit der Seite
Der Bereich „Freizeitgestaltung", der in diesem Kapitel bereits auf Seite 22 eingeführt wurde, wird hier vertieft. Hier geht es um die selbstständige Freizeitgestaltung der Kinder, wobei sowohl frei zugängliche alltägliche als auch organisierte Freizeitangebote eine Rolle spielen.
Die Kinder sollten zunächst zusammenstellen, welche Angebote es in ihrer Wohnumgebung gibt. Dabei sollten die Arbeitsgruppen nach Wohngegend zusammengestellt werden. So können sich die Kinder in einer Gruppe ergänzen. Drei Aufträge werden gestellt: Wo kannst du spielen (Spielorte)? Welche Spiele machst du am liebsten (evtl. bei der Besprechung auf Jungen- und Mädchenspiele eingehen)? Welche Freizeitmöglichkeiten gibt es noch außer dem Spielen?
Im unteren Teil der Seite werden die Kinder aufgefordert, selbstständig Freizeitangebote ihrer Wohnregion (Gemeinde, Stadtteil) zu erkunden. In fast allen Gemeinden gibt es neben Sportvereinen zahlreiche kommerzielle und nichtkommerzielle Angebote wie Ferienprogramme, Musikschulen, Bastel-, Koch-, Computer- und viele weitere Kurse. Auch singuläre Ereignisse wie Zirkus, Kindertheater o. Ä. sollten mit einbezogen werden.

In der Kopiervorlage 16 werden die Aspekte der Freizeitgestaltung für jedes einzelne Kind zusammengefasst. Daneben könnte auch eine Seite für das Ich-Heft entstehen oder ein Klassenplakat mit Freizeitmöglichkeiten in der Gemeinde.

Das Thema „Freizeit" kann auch mit den Themen „Von der Wirklichkeit zum Plan" oder „Für andere Wege aufzeichnen" kombiniert werden (Schülerbuch S. 58–60). Nachdem die Kinder die Freizeitmöglichkeiten am Ort erkundet haben, können sie selbst eine Freizeitkarte zeichnen oder in einen vorgegebenen Plan „Freizeitorte" einzeichnen und dafür selber Kartenzeichen erfinden.

Sachinformation
Das Spiel- und Freizeitverhalten von Kindern variiert stark zwischen verschiedenen Altersgruppen, Regionen, Kindern verschiedener sozialer Schichten sowie Mädchen und Jungen. Die Mehrheit der Kinder hält sich nach wie vor gerne draußen auf. Der hausnahe Raum ist dabei der beliebteste Außenraum. Spielplätze werden mehr von jüngeren als von älteren Kindern genutzt und mehr von Mädchen als von Jungen.
In empirischen Studien nachgewiesen wurde auch das unterschiedliche Spielverhalten von Mädchen und Jungen: Jungen halten sich mehr draußen auf, bevorzugen raumgreifende und auf Wettbewerb ausgerichtete Spiele und spielen öfter in Gruppen. Mädchen spielen meist mit nur einem Partner und bevorzugen hausnahe, wenig raumgreifende Spiele, wobei sie mehr unterschiedliche Aktivitäten ausüben als Jungen.
Außenräume sind also nach wie vor wichtige Spiel- und Aufenthaltsplätze für Kinder, bei Fragen nach ihren häufigsten Spielorten nennen sie jedoch vor allem die eigene Wohnung.
Vor allem jüngere Kinder werden auch regelmäßig von ihren Eltern zu Spielpartnern gebracht, ab dem Schulalter organisieren die meisten Kinder ihre Spielkontakte und den Weg zu ihren Freunden (zu Fuß und mit dem Fahrrad) selbst.
Institutionalisierte Freizeitangebote haben in den letzten Jahrzehnten stark zugenommen. Es gibt vielfältige Angebote zur Freizeitgestaltung und Entwicklungsförderung: Basteln, Malen, Töpfern, Musik, Kochen, Theater, Säuglingsschwimmen, Kinderturnen, Computerschulen, auch für ganz junge Kinder. Die Vermutung einer totalen Verplanung der Freizeit der Kinder hat sich aber empirisch nicht bestätigt, es bestehen große Unterschiede in der Nutzung dieser Angebote zwischen den Kindern nach Geschlecht, Alter, Religion und sozialem Milieu. Hier besteht die Gefahr, dass die Entwicklungs- und Fördermöglichkeiten für Kinder in unterschiedlichen sozialen Schichten durch die unterschiedliche Nutzung dieser Angebote zunehmend auseinander driften. „Man kann also sagen, dass das Obere-Mittelschicht-Mädchen aus der Stadt die aktivste Nutzerin musisch-kreativer Kinderkulturangebote ist und von daher am meisten von dem privaten Bildungsmarkt profitieren dürfte"
(Fölling-Albers 2001, S. 28 ff.).

Kopiervorlage 16

Seite 25   **Sich miteinander wohl fühlen**
Zur Arbeit mit der Seite
Diese Seite bildet den Abschluss der Familiengeschichte des Kapitels. Die beiden Familien verabschieden sich voneinander. Um die Frage, warum sich alle wohl gefühlt haben, zu beantworten, sollten die Kinder die ganze Geschichte rekapitulieren: Wie haben die Familienmitglieder selber dafür gesorgt, dass Erwachsene und Kinder einen gelungenen Tag miteinander verbracht haben, dass die Bedürfnisse aller berücksichtigt wurden (Vorbereitung, einander helfen, gemeinsam Freizeit gestalten)?
Dann sollten die Kinder dies auf ihre eigene Familie übertragen. Sie könnten für sich aufschreiben, wann sie sich in ihrer Familie wohl fühlen und in einem Gesprächskreis davon berichten. Dabei werden sich sicher Unterschiede, aber auch Gemeinsamkeiten ergeben. Es sollte noch einmal herausgestellt werden, was die einzelnen Familienmitglieder und insbesondere die Kinder selbst zu solchen Situationen beitragen können. Das Aufgeschriebene kann in das Ich-Heft der Kinder eingetragen werden.
Der Bücherwurm weist darauf hin, dass auch Alleine-Sein schön sein kann, beim Malen, Lesen, Musik Hören o. Ä. Hier könnten die Kinder befragt werden, was sie gerne alleine tun, und dazu ein Plakat gestalten.
Güls Wunsch nach einem Hund leitet zum nächsten Thema „Haustiere" über.

Seite 26   **Ein Hund in der Familie**
Zur Arbeit mit der Seite
Mit der Seite 26 wird in Bildern veranschaulicht, welche Aufgaben ein Hundehalter zu erfüllen hat, um eine artgerechte und gesunde Haltung des vierbeinigen „Familienmitgliedes" zu gewährleisten.
Ausgehend von einem Gespräch über die Erfahrungen der Kinder im Umgang mit Hunden, in dem die Kinder ihr Wissen über Hunde, Hundehaltung und Geschichten über das Leben dieser Tiere einbringen können, sollten über die Lebensbedingungen der Hunde gesprochen und die Pflichten, die sich aus der Haltung des Tieres sowohl im Bezug auf das Tier selbst als auch in Hinblick auf die Umwelt ergeben, benannt werden.
Kinder, die einen Hund besitzen, können die Freude der aufwändigen täglichen Betreuung gegenüberstellen. Die Kinder, die über diese Erfahrung nicht verfügen, können die Belastung nicht nachvollziehen. Diese unterschiedlichen Ausgangspositionen können dazu führen, dass die beabsichtigte ethische Auseinandersetzung mit dem Problem der Verantwortung gegenüber anderen Lebewesen bei ihnen nicht in der Intensität erfolgen kann.

Mit der Bearbeitung der Kopiervorlage 17 „Hunde helfen Menschen" und der Kopiervorlage 18 wiederholen und vertiefen die Kinder ihr Wissen über Hunde und die Haltung eines Haustieres.

Zur Vorbereitung und als flankierende Begleitung des Themas Hunde bietet es sich an, die Kinder zu bitten, Informationen über Hunde zu sammeln und diese mit in die Schule zu bringen. Aus diesen Materialien kann ein Hundeplakat entstehen, auf dem verschiedene Rassen und deren Eigenschaften zusammengetragen werden können. In vielen Klassen haben die Lehrerinnen/die Lehrer gute Erfahrungen damit gemacht, einen Hundebesitzer (Vater oder Mutter eines Kindes mit seinem Hund) zu einem Unterrichtsgespräch einzuladen.
Je nach Situation in der Klasse kann natürlich auch ein anderes Haustier zur Einführung in das Thema gewählt werden.

Sachinformation
In einer Zeit, in der zunehmend mehr das Konsumieren auch die Lebenswirklichkeit von Kindern bestimmt, ist die Bearbeitung des Themas Umgang mit Heimtieren nicht nur aus sachkundlicher, sondern vor allem auch aus ethischer Sicht von nicht zu unterschätzender Bedeutung. Hunde, Katzen, Hamster, Wellensittiche u.a. Heimtiere werden von Eltern und Großeltern den Kindern mit der guten Absicht geschenkt, sie an die Übernahme von Verantwortung zu gewöhnen. Trotz anfänglicher Beteuerungen, die Pflege der Tiere zu übernehmen, können nach der Anfangseuphorie Nachlässigkeiten in der Betreuung der Tiere auftreten. Das „lebende Spielzeug" kann zur Last werden.

Kopiervorlagen 17, 18

Sich über Haustiere informieren   **Seite 27**
Zur Arbeit mit der Seite
Was am Beispiel des Hundes erarbeitet wurde, wird nun für weitere Haustiere verallgemeinert. Hier wird jedoch besonderer Wert auf die selbstständige Erarbeitung in Gruppen gelegt. Den Kindern werden auf dieser Seite Vorschläge für die Erarbeitung und auf der nächsten Seite (28) für die Darstellung ihrer Arbeitsergebnisse gemacht. Sie erproben und erlernen hier auch überfachliche Fähigkeiten und Fertigkeiten: Sich für ein Thema entscheiden, Gruppen bilden, ein Vorhaben planen und organisieren, Informationen selbstständig gewinnen.
Nach der ausführlichen Besprechung dieser Seite sollte die Klasse gemeinsam überlegen, welche Vorschläge sie für die eigene Arbeit übernimmt.

Themen- und Gruppenfindung (Bild links oben)
Zunächst muss entschieden werden, für welche Tiere sich die Kinder interessieren. Je nach Klassengröße und Interesse können zwischen 4 und 7 Tiere ausgewählt werden; wie im Buch müssen die Gruppen nicht gleich groß sein.

Im unteren Bildteil wird gezeigt, wie innerhalb der Gruppe nun festgelegt werden kann, mit welchem Spezialthema sich die Kinder beschäftigen wollen. Es werden die verschiedenen Themen auf ein Plakat notiert und mit kleinen Zettelchen, auf die auch der Name geschrieben werden kann, stimmen die Kinder ab.

Planung der Gruppenarbeit/Aufgabenverteilung/Informationsgewinnung (Bild rechts oben)
Innerhalb jeder Gruppe sollten die Kinder ein Plakat anlegen, auf dem notiert wird, welches Kind was beitragen kann: „Das kann ich" – „Das habe ich" (Zettel mit Namen beschriften). Dieses Plakat sollte während der gesamten Erarbeitungsphase hängen bleiben, es kann immer wieder ergänzt werden. Es sollte auch dazu angeregt werden, dass Kinder aus anderen Gruppen, die z.B. Materialien für die Hasengruppe mitbringen könnten, diese einer Gruppe zur Verfügung stellen und dafür einen Zettel auf das Plakat der Gruppe heften.

Informationen aus Büchern gewinnen (Bild links unten)
Eigene Bücher, Bücher aus der Stadt- oder Gemeindebücherei und der Schul- und Klassenbücherei können zur Information zur Verfügung stehen. Die Kinder können diese Bücher selbst ausleihen, in manchen Gemeinden gibt es sogar eine Service, bei dem für Schulklassen Bücherkisten zu bestimmten Themen zusammengestellt werden und dann für die Dauer des Projekts im Klassenzimmer bleiben können. Auf dem Bild wird gezeigt, wie in einem Plakat zusammengestellt werden kann, in welchen Büchern sich die interessanten Informationen befinden.

Informationen von Experten
Eine weitere Möglichkeit der Informationsgewinnung ist die Befragung von Experten, z.B. Tierärzte, Arzthelferinnen in Tierarztpraxen oder Mitarbeiterinnen und Mitarbeiter des Tierheims. Befragungen müssen vorbereitet werden, die Kinder sollten also für jede Gruppe die Frage gemeinsam überlegen und aufschreiben. Mit dieser Vorbereitung kann das Gespräch im Klassenzimmer oder vor Ort gezielt und ergebnisorientiert geführt werden.

Die Antworten können von einigen Kindern protokolliert oder mit einem Aufnahmegerät mitgeschnitten und dann ausgewertet werden.

Freiarbeitsmaterial   Lotto Haustiere

Lesebuch   Seite 28, 29, 104, 112, 113, 115

Sprachbuch   Seite 59, 78, 87

Die Arbeitsergebnisse vorstellen   Seite 28
Zur Arbeit mit der Seite
Genauso wichtig wie die Erarbeitung in den Gruppen ist die anschließende Darstellung der Gruppenergebnisse. Um eine sachgerechte und abwechslungsreiche Darstellung der Gruppenergebnisse zu fördern, werden den Kindern auf dieser Seite Anregungen gegeben: eine Pinnwand gestalten, an der sich die anderen Kinder selbst informieren können, Abbildungen, Fotos und Materialien im Kreis zeigen oder herumgeben, einen Videoausschnitt zeigen.
Gemeinsam mit den Kindern sollten weitere Möglichkeiten der Vorstellung besprochen werden. Dann entscheidet jede Gruppe, welche Form(en) der Vorstellung sie wählt und bereitet sie sorgfältig vor.

Wie die Arbeit in den Gruppen sollte auch die Vorstellung der Arbeitsergebnisse von den Kindern abschließend bewertet werden, z.B. mit Fragen wie: „Was war besonders interessant bei der Katzen-Gruppe?", „Was haben wir an Neuem erfahren?", „Was hat euch an der Vorstellung besonders gut gefallen?", „Was hätte die Hasen-Gruppe noch besser machen können?" Dabei gilt immer, dass zunächst hervorgehoben wird, was gut gelungen war, und Kritik sachlich formuliert wird.

Die Aussage des Bücherwurms „Ich würde mich als Haustier nicht wohl fühlen" verweist auf das Problem einer artgerechten Tierhaltung. Dies kann abschließend noch einmal angesprochen werden (Größe von Wohnungen, Käfigen, Aquarien etc., Möglichkeit manche Käfigtiere täglich auch frei laufen zu lassen).

Weitere Anregungen und Materialien

Kaninchen aus Wolle (S.39)
Du brauchst: je zwei Pappscheiben unterschiedlicher Größe, Wollreste, dünne Paketschnur, Filzreste, Schere, Klebstoff.
So wird's gemacht: In jede Pappscheibe ein Loch schneiden, je zwei gleich große Pappscheiben übereinander legen. Wolle sehr dicht um die beiden Pappringe wickeln bis das Loch ausgefüllt ist. Wollfäden am Außenrand aufschneiden. Zwischen die beiden Pappscheiben die Paketschnur schieben, sehr fest zusammenziehen und gut verknoten.

Beide Pappringe vorsichtig bis zur Mitte aufschneiden und entfernen. Mit den anderen Pappscheiben ebenso verfahren. Die so entstandenen zwei Pompons mit der Paketschnur verbinden.
Ohren, Augen, Nase, Barthaare und Stummelschwänzchen aus Filz ausschneiden und aufkleben.

Gesund bleiben – sich wohl fühlen

Vorüberlegungen zum Kapitel

Ein Schwerpunkt des Kapitels ist die Befähigung der Kinder, aktiv zur eigenen Gesunderhaltung beizutragen. Essgewohnheiten können durch schulisches Lernen nur bedingt verändert werden, da diese hauptsächlich zu Hause geprägt werden. Was Schule jedoch leisten kann, ist, den Kindern zu zeigen, welche Lebensmittel zu einer gesunden Ernährung gehören und wie eine gesunde Speise hergestellt werden kann. Dies gelingt am nachhaltigsten, wenn Kinder an der Zubereitung beteiligt werden und ihre Ideen gefragt sind.

Die Bearbeitung der Themen dieses Kapitels soll dazu beitragen, bei den Kindern gesundheitsfördernde und -erhaltende Verhaltensweisen anzubahnen und weiter zu entwickeln. Es geht nicht um vordergründige Belehrung, sondern darum, gemeinsam mit den Kindern auf der Grundlage ihrer Erfahrung ausgewählte Inhalte der Gesundheitserziehung zu bearbeiten und in entsprechenden Übungen Wissen anzuwenden und zu vertiefen. Bei der Auswahl der Themen wurde darauf geachtet, dass die Kinder aktiv an der Erhaltung und dem Schutz ihrer Gesundheit beteiligt sind und durch konkretes Tun ihren Beitrag zur Gesunderhaltung leisten können. Auf der Doppelseite 32/33 und der Seite 34 werden Vorschläge für die Herstellung einer gesunden, vitaminreichen Kost aufgezeigt.

Vor allem durch einen handlungsorientierten Umgang mit den Sachen (Vitamingetränk und Gemüsefiguren herstellen) und durch Experimentieren (Inhaltsstoffe herausfinden) sollen in diesem Kapitel Wissen erworben und vertieft, Einsichten geweckt und gefestigt werden. Dadurch soll bei den Kindern verantwortliches Handeln für die Erhaltung ihrer Gesundheit angebahnt und gefördert werden.

Eine wirklich umfassende Gesunderhaltung der Kinder ergibt sich jedoch erst, wenn der schulische Alltag insgesamt gesundheitsfördernd gestaltet wird und Gesundheitserziehung immanenter Bestandteil der pädagogischen Arbeit aller an der Schule Beteiligten wird.

Lernziele

2.2.3 Ernährung
– Regeln für eine ausgewogene Ernährung aufstellen (Suchtprävention)
– Gemeinsam essen und Tischkultur erleben

2.2.4 Obst und Gemüse
– Das Marktangebot an Obst und Gemüse erkunden
– Heimisches Obst und Gemüse und Früchte aus anderen klimatischen Regionen unterscheiden und benennen
– Gemüse nach essbaren Teilen sortieren: Wurzel, Blatt, Stängel, Frucht

2.2.5 Nährstoffe
– Einige Inhaltsstoffe in Nahrungsmitteln herausfinden

Literatur

Cremer, H.-D.: Bewusst ernähren – Gesund leben. Verlag Das Beste GmbH, Stuttgart, 1990

Der Jugend-Brockhaus. F. A. Brockhaus GmbH, Leipzig/Mannheim, 1996

Seymour, J.: Selbstversorgung aus dem Garten. Wie man seinen Garten natürlich bestellt und gesunde Nahrung erntet. Ravensburg, 1990

Press, H.-J.: Spiel, das Wissen schafft. Ravensburger Taschenbuch Band 3011, 1996

Gesund bleiben – sich wohl fühlen Seite 29
Zur Arbeit mit der Seite

Der Marktstand mit einkaufenden Kindern dient als Einführung in das Kapitel und kann zur Vorbereitung eines gemeinsamen Unterrichtsganges genutzt werden.

Unterrichtsgang zum Markt

Beim Unterrichtsgang sollten die Kinder selbstständig Informationen sammeln. Mit vorbereiteten Arbeitsaufträgen können sie den Markt in Gruppen erkunden. Für die Zubereitung des gesunden Frühstücks (S. 30–33) kaufen sie die Zutaten ein. Das bedeutet, dass sie sich einen Einkaufszettel schreiben müssen und auch jede Gruppe eine Geldbörse bekommt. Vor dem Einkaufen können sie die Preise an den verschiedenen Ständen vergleichen. Der Hinweis des Bücherwurms auf die Mitnahme von Korb oder Tasche muss auch beachtet werden (Umwelterziehung, Müllvermeidung).

Zur Vorbereitung sollte die Situation „Einkaufen" in der Klasse im Rollenspiel durchgeführt werden.

Marktstände genauer betrachten und Informationen sammeln

Arbeitsaufträge, wonach sich die Kinder im Markt erkundigen und was sie schriftlich festhalten sollen:
1. Welches Gemüse gibt es auf dem Markt?
2. Welches Obst gibt es auf dem Markt?
3. Woher kommen Obst und Gemüse, die auf dem Markt verkauft werden?
4. Was kannst du auf dem Markt außer Obst und Gemüse noch alles kaufen?

Die Kinder notieren ihre Ergebnisse beim Unterrichtsgang, im Klassenzimmer werden die Ergebnisse in Gruppenarbeit oder im gemeinsamen Gespräch ausgewertet.

Die Kopiervorlagen 19 und 20 können zur Erstellung von Obst- und Gemüseplakaten verwendet werden, aber auch zur Gestaltung eines Obst-/Gemüsegesichts (s. auch unter „Weitere Anregungen und Materialien" zu den Schülerbuchseiten 32/33).

Kopiervorlagen	19, 20
Freiarbeitsmaterial	Klammerkarten Obst
Lesebuch	Seite 70, 88, 106, 107
Sprachbuch	Seite 41, 46, 47, 50, 51

Seite 30 — Essbare Teile von Gemüse kennen

Zur Arbeit mit der Seite

Das gekaufte Gemüse wird in Farbe und Form betrachtet. Namensschilder werden geschrieben und zugeordnet.

Das Gemüse kann von den Kindern in natürlicher Größe oder sogar Übergröße gemalt und ausgeschnitten werden (Größenvergleich). Das gesamte erstellte Obst und Gemüse kann zu einem Werbeplakat für ein Obstgeschäft oder zu einem Marktstand zusammengestellt werden.

Es kann ein Gespräch über die Länder, aus denen das Obst/Gemüse kommt, geführt werden. Wächst dieses Obst/Gemüse auch in Deutschland? Wann ist es reif (evtl. Zuordnung zum Jahreskreis, vgl. S. 56f.)?

Welche Teile des Gemüses essen wir?

Die Gemüsesorten werden sortiert. Zunächst kann dies auf einem großen zweifarbigen Tonpapierstreifen geschehen: unten braun, oben grün. Die Kinder legen die Gemüsesorten so auf, wie sie unter (braun) oder über (grün) der Erde wachsen. Dann muss noch weiter differenziert werden in die essbaren Teile Wurzel, Blätter, Stängel und Früchte. Hier können Wortkarten zugeordnet werden. Bei Gemüsen, bei denen nicht eindeutig erkennbar ist, von welchem Teil der Pflanze es stammt, sollte ein Bild der ganzen Pflanze den Kindern zur Verfügung gestellt werden (aus Gartenbüchern, z.B. Seymour 1990).

Gemüsesamen (s. Sachinformation) sollten auch als Früchte bezeichnet werden, die Unterscheidung in echte Samen (Bohnen, Mais) und Früchte (Tomaten) muss nicht vorgenommen werden.

Geschmackstest

Die Kinder können in Partnerarbeit folgenden Test (Seite 30 unten) durchführen:
– Das Gemüse wird gewaschen, wenn nötig geschält und in kleine Stücke geschnitten, für jeden Schüler sind dafür ein Holzbrett und ein Messer notwendig. Schüler, die ihr Obst- bzw. Gemüsestück bereits zerschnitten haben, schreiben den entsprechenden Namen auf ein Pappschild. Auf jedem Holzbrett liegen jeweils die ganze Frucht und die klein geschnittenen Stücke, dahinter befindet sich das Schild. Kinder, die im Benennen der Obst- und Gemüsesorten noch Probleme haben, können zunächst durch Betrachten, Betasten und Kosten ihr Wissen erweitern.
Der Testbogen wird von den Kindern vorbereitet:
In drei Spalten wird eingetragen: 1. Obst- und Gemüsesorte, 2. gefühlt, 3. geschmeckt.
– Gemüsefrucht wird mit verbundenen Augen ertastet, bei richtigem Nennen setzt der Partner ein Kreuz in Spalte 2 (Schulung der taktilen Wahrnehmung).
– Gemüse wird gegessen, bei richtigem Nennen Kreuz in Spalte 3 (Training der Geschmackswahrnehmung).
Es bietet sich an, dass noch die verschiedenen Kerne betrachtet, verglichen und den Schülern ihre Funktion als Samen verdeutlicht werden (Einpflanzen ist möglich.).

Sachinformation

Von Pflanzen essen wir nur bestimmte Teile, weil sie uns am besten schmecken oder bekommen. Diese Pflanzenteile sind Wurzeln, Stängel, Blätter, Blüten, Früchte und Samen. Die Pflanzenteile haben unterschiedliche Zellgewebe, die von Biologen oder Botanikern leicht erkennbar sind. Als Laie täuscht man sich jedoch häufig, da Pflanzen diese Teile zu bestimmten Zwecken nutzen und dabei ihr gewohntes, typisches Aussehen stark verändern können. Ein untypischer Stängel ist z.B. die Kartoffel. Sie wächst unterirdisch und dient als Nahrungsspeicher, ist aber keine Wurzel, sondern ein Stängel oder Erdspross. Ihre „Augen" sind Austriebsstellen, aus denen sich Stiele und Blätter entwickeln. Diese biologisch genaue Unterscheidung braucht aber für den Unterricht nicht getroffen werden. Hier kann die Kartoffel den Wurzelgemüsen (mit verdickter Knolle) zugerechnet werden. Auch Kohlrabi sind durch Nahrungsspeicherung angeschwollene Stängel.

Wurzelgemüse

Die Funktion der meisten Wurzeln besteht in der Aufnahme und Speicherung nichtorganischer Stoffe aus dem Boden für das Wachstum der Pflanze: Wasser, Stickstoff, Kalium, Phosphate und Spurenelemente. Die essbaren Wurzeln sind meist Pfahlwurzeln, von denen Seitenwurzeln mit feinen Wurzelhaaren abzweigen.

Stängelgemüse
Wie oben bereits angesprochen, gibt es einige sehr untypische Stängel wie die Kartoffel oder den Kohlrabi. Einige Stängel müssen vor Licht geschützt werden, damit sie kein Chlorophyll bilden und damit ungenießbar werden. Dazu gehören die Kartoffel und der Bleichsellerie. Beim Rhabarber sind nur die Stängel essbar, die Blätter sind giftig. Kohlrabi und Knollensellerie besitzen Stängel, die durch das Speichern von Nahrung verdickt sind.

Blattgemüse
Viele Gemüse sind essbare Blätter, wie Salat oder die kopfbildenden Kohlsorten. Bei Zwiebeln, Lauch, Knoblauch und Schalotten speichern diese Blätter über den Winter Energie, damit die Pflanze im zweiten Jahr früh Blüte und Samen ausbilden kann.

Blüten
Es gibt wenige essbare Blüten, z.B. Brokkoli und Blumenkohl. Ihre Blüten sind aber bei der Ernte noch nicht voll ausgebildet. Wichtiger als die Blüten für unsere Ernährung sind die aus ihnen entstehenden Früchte und Samen.

Früchte
Botanisch ist die Frucht der Fruchtknoten einer Blüte nach der Befruchtung. Die Eizellen im Inneren des Fruchtknotens verwandeln sich nach der Befruchtung in Samen, der Fruchtknoten selbst wird zur Frucht. Tomaten, Auberginen, Kapern, Kürbis, Melonen, Bohnen und Erbsenschoten sind Früchte. „Hülsenfrüchte" wie einzelne Erbsen und Bohnen sind eigentlich keine Früchte, sondern Samen. Landläufig wird unter Früchten Obst verstanden. Nur der Rhabarber wird wie Gemüse angebaut.

Samen
Wichtige Samen sind z.B.: Getreidesamen wie Weizen, Reis oder Mais, die direkt als Nahrungsmittel für den Menschen verwendet werden. Einjährige Pflanzen konzentrieren ihre Nährstoffe in den Samen. Deshalb sind Samen in der Regel sehr nährstoffhaltig und energiereich.
Die Samen von Leguminosen sind sehr proteinhaltig, Erbsen- und Bohnensamen haben deshalb eine große Bedeutung für unsere Ernährung. Ein Vorteil von Samen ist, dass sie sich leicht trocknen und lagern lassen.

Kräuter
Von Kräutern werden Blätter oder Samen zum Würzen genutzt, insbesondere in den Samen sind die essenziellen Öle und andere Bestandteile konzentriert.

Obst
Obst wird meist, wie auch im Lehrplan, synonym mit „Frucht" bzw. „Früchte" bezeichnet. Es gibt Früchte, die aus einem Fruchtverband (Sammelfrüchte) bestehen (Brombeere, Himbeere, Erdbeere), Beerenfrüchte (Weintrauben, Stachelbeeren, Orangen, Zitronen), Steinobst (Pflaumen, Kirschen, Pfirsiche) und Kernobst (Äpfel, Birnen). Früchte haben nur wenig Nährstoffe, die Energie der Pflanzen geht in die Samen, nicht in die Frucht. Obst ist aber meist reich an Vitaminen, besonders an Vitamin C, und deshalb für die Ernährung wichtig.
Für die Lernziele des Lehrplans wird für Gemüse vereinfachend die Unterteilung in folgende vier essbaren Teile verwendet:

Wurzel: z.B. Mohrrübe oder Karotte, Pastinake, Rettich, Radieschen, Rote Rübe oder Rote Beete, Schwarzwurzel
Stängel: Kartoffel, Knollensellerie, Bleichsellerie, Rhabarber, Chinakohl, Spargel, Kohlrabi
Blätter: Mangold, Spinat, Fenchel, Salat, Weiß- und Rotkohl, Wirsing, Rosenkohl, Grünkohl, Schikoree, Zwiebel, Lauch oder Porree, Zwiebel, Kräuter (z.B. Petersilie, Liebstöckel, Lorbeer, Borretsch, Schnittlauch, Pfefferminze, Melisse)
Früchte (inkl. **Samen**): Brokkoli, Melone, Kürbis, Blumenkohl, Paprika, Tomate, Gurke, Zucchini; **Samen:** Mais, Bohnen, Erbsen, Linsen.

Heimisches Obst:
Apfel, Birne, Pflaume (Zwetschge), Reineclauden, Kirschen, Weintrauben, Himbeeren, Brombeeren, Erdbeeren, Johannisbeeren, Heidelbeeren, Stachelbeeren
Früchte (Obst) aus anderen klimatischen Regionen:
Aprikosen, Pfirsich, Orange, Mandarine, Grapefruit, Zitrone, Feige, Ananas, Kiwi, Nektarinen, Bananen, Mango, Papaya.
(Sachinformation i.W. nach Seymour 1990, S. 18ff.)

Kopiervorlage	21
Freiarbeitsmaterial	Klammerkarten Gemüse
Lesebuch	Seite 86

Inhaltsstoffe herausfinden   Seite 31
Zur Arbeit mit der Seite
Wichtige Inhaltsstoffe herausfinden
Für das Lernziel „Einige Inhaltsstoffe in Nahrungsmitteln herausfinden" wurden solche Inhaltsstoffe gewählt, die sich mit einfachen Mitteln von Kindern nachweisen lassen. Dazu gehören Zucker, Stärke, Fett und Eiweiß. Die Anregungen im Schülerbuch sind so gestaltet, dass die Schülerinnen und Schüler diese Versuche in Gruppenarbeit vorbereiten und durchführen können. Sie können aber auch gemeinsam mit der ganzen Klasse gemacht werden. Beim ersten Versuch, bei dem Limonade auf Zucker reduziert wird, muss unbedingt darauf geachtet werden, dass das übrigbleibende Gemisch ausreichend abkühlt, bevor die Kinder es versuchen. Es besteht die Gefahr, dass der Sirup in den Topf einbrennt!
Auf der Kopiervorlage 22 sollen die Kinder ihre Ergebnisse protokollieren. Danach sollte in einem Klassengespräch geklärt werden, welche Funktion Zucker, Stärke, Fett und Eiweiß in der Ernährung haben und in welchen Anteilen sie gegessen werden sollten (evtl. Vorgriff auf den Ernährungskreis auf S. 32/33). Lebensmittel mit hohem Zucker- und Fettanteil sollten vermieden werden. Auf Plakaten können Kinder Bilder dieser Lebensmittel zusammenstellen.

Inhalts- und Zusatzstoffe in Lebensmitteln

Die genaue Auflistung der Inhaltsstoffe bei verpackten Lebensmitteln kann auf den Packungen nachgelesen werden. Im Buch sind drei Beispiele abgebildet. Die Kinder sollten aber auch Beispiele von den Nahrungsmitteln, die sie essen, mitbringen. Wichtig ist zu erarbeiten, dass die Angaben auf den Packungen nach der Menge der jeweiligen Inhaltsstoffe geordnet sind. Es werden zwar nicht die exakten Anteile und Verhältnisse angegeben, die Reihenfolge gibt jedoch Hinweise auf die Höhe des Anteils. So sind z.B. Getränke, bei denen an zweiter Stelle bei den Inhaltsstoffen bereits Zucker steht, stark zuckerhaltig und sollten nicht gekauft und getrunken werden (insbes. die von Kindern oft mitgebrachten Fruchtsaftgetränke, die nur wenig Saft enthalten).

Bei den Inhaltsstoffen sollte nicht nur auf die Menge geachtet werden, sondern auch die Qualität thematisiert werden. Manche Kinder sind auch auf bestimmte Zusatzstoffe allergisch und wissen deshalb, dass sie dies erst kontrollieren müssen. Nahrungsmittel sollten möglichst wenig Zusatzstoffe enthalten, möglichst rein sein. Wird frisch gekocht bzw. werden frische möglichst naturbelassene Lebensmittel verwendet, sind keine zusätzlichen Aromen, Farbstoffe, Konservierungsmittel, Emulgatoren, Stabilisatoren etc. nötig. Man kann dies den Kindern gut verdeutlichen, wenn man ein Fertiggericht (z.B. Fertigpizza) mit einer selbst gemachten Pizza von den Zutaten her vergleicht, oder Quark- bzw. Frischkäsezubereitungen aus der Kühltheke (oft mit vielen Zusatzstoffen wie Geliermittel, Stickstoff, künstlichen Aromen) mit selbstgemachtem Kräuterquark oder den Frischkäsekugeln von den Seiten 32/33. Auch kann ein Naturjogurt mit einem Fruchtjogurt anhand der Inhaltsstoffe verglichen werden.

Folgende Regeln könnten mit den Kindern erarbeitet werden: Grundsätzlich möglichst frische Nahrungsmittel zum Essen und Kochen verwenden.
Falls dies nicht möglich ist:
– Möglichst keine Konservierungsmittel (E 200–299)
– Möglichst wenig Farbstoffe (E 100–199) und Antioxidantien (E 300–321)
– Möglichst wenig andere Zusatzstoffe wie Emulgatoren, Stabilisatoren, Säuerungsmittel, Geliermittel, Trägerstoffe (ab E 321).

Die E-Nummern dienen als Orientierungshilfe. Mit ihnen sind in der BRD zugelassene Lebensmittelstoffe bezeichnet. Allerdings wird mit diesen Bezeichnungen nicht zwischen bedenkenlosen und schädlichen, z.T. sogar Krebs erregenden Stoffen unterschieden, deshalb sollte den Kindern die Regel „so wenig Zusatzstoffe wie möglich" gegeben werden.

Weitere Anregungen und Materialien

Am Elternabend könnte ein Thema sein, was die Kinder als Pausenimbiss mitbringen. Auch über Getränke sollte gesprochen werden. Milch und Säfte oder Saftschorle als Getränk sind sinnvoll. Fruchtsaftgetränke und Limonaden sind wegen des hohen Zuckergehalts abzulehnen. Ihren Pausenimbiss sollten die Kinder in wiederverwertbaren Dosen und Flaschen mitbringen.

Sachinformation

Ausführliche Informationen über Konservierungs- und Zusatzstoffe sind erhältlich bei der Informationszentrale für Vergiftungen, Adenauerallee 119, 53113 Bonn.

Kopiervorlage	22
Sprachbuch	Seite 52

Ein gesundes Schulfrühstück zubereiten   Seite 32/33

Zur Arbeit mit den Seiten

Die Doppelseite bietet vielfältige Möglichkeiten zur Bearbeitung des Themas an.
Ein Zugang zur Behandlung des Ernährungskreises könnte darin bestehen, die Kinder aufzufordern, einen Tag lang alles zu notieren, was sie zu sich nehmen. Eine selbstkritische Auseinandersetzung mit dem im Buch abgebildeten Ernährungskreis sollte die Kinder anregen, über ihre Ernährungsgewohnheiten nachzudenken. Diesem Ernährungskreis liegen nicht nur die wissenschaftlichen Empfehlungen zugrunde, sondern wir haben uns auch an den tatsächlichen Essgewohnheiten der Kinder orientiert. Mit dem Segment „Süßigkeiten" wollen wir also keineswegs die Empfehlung geben, Zucker zu essen. Wir wissen, dass der Süßigkeitenkonsum ein verbreitetes Phänomen ist, der sich nicht einfach ignorieren lässt. Wichtig ist es eher, den Kindern zu verdeutlichen, dass die Zunahme von reinem Zucker unnötig ist, da er bereits in Früchten, Säften, Pudding oder Jogurt enthalten ist. Die Kinder sollten daher ihren Konsum an Süßigkeiten kontrollieren und wenn möglich minimieren.

Auch ein Gespräch über die Essgewohnheiten der Kinder (Frühstück zu Hause, Erfahrungen mit Gaststätten, Imbissstuben, Essen bei Festen, Lieblingsessen) kann die Bearbeitung der Doppelseite einleiten.

Die Kinder werden nicht nur theoretisch auf die Wichtigkeit von Vitaminen hingewiesen, sondern lernen handelnd, sich vitaminreiche Nahrung selbst herzustellen. Auf der Doppelseite wird über die Fotos im wahrsten Sinne des Wortes Appetit gemacht auf diese „Muntermacher". Informationen erhalten die Kinder über: verwendete Obst und Gemüsesorten, Verarbeitungsbeispiele und Dekorationsmöglichkeiten. Die Rezepte für Frischkäsekugeln und das Karottenfisch-Brot sowie die Obst- und Gemüsegesichter sind als Beispiele aufgeführt, um die Kinder zu ähnlichen Kreationen anzuregen.

Die Kinder können selbst entscheiden, was sie zubereiten wollen. Sie beraten den organisatorischen Ablauf und klären die Frage, wer welche Geräte und welche Ingredienzien mitbringt. Notizzettel sollten geschrieben werden. Dazu können die Fotos mit den arbeitenden Kindern helfen.

Arbeit am Ernährungskreis
Der Ernährungskreis kann auch mit farbigen Seilen oder Papierabschnitten im Klassenzimmer groß ausgelegt oder als Plakat gestaltet werden. Verpackungen von Lebensmitteln oder Bilder können mitgebracht und zugeordnet werden.

Die Bearbeitung der Kopiervorlage 23 dient der Festigung und Anwendung erworbener Kenntnisse. Folgende Fragen könnten besprochen bzw. beantwortet werden:
Wie ist das Frühstück der Kinder der Klasse zusammengesetzt? Wie groß ist der Zuckeranteil, der Anteil von Obst und Gemüse und der Anteil der Fleisch- und Milchprodukte?
Entspricht die Zusammensetzung ihrer täglichen Nahrung der Aufteilung des Ernährungskreises?
Angeregt durch die garnierten Brote und die Anleitung zur Herstellung von Frischkäsekugeln könnte ein Miniprojekt entstehen, in dem die Kinder weitere Ideen entwickeln und ein gemeinsames gesundes Frühstück anrichten.

Ein Schulfrühstück vorbereiten
Das Herstellen der Käsekugeln und der belegten Brote kann gut in Gruppen durchgeführt werden. Die Gruppen stellen abwechselnd Käsekugeln her bzw. belegen Brote.

Materialien
Holzbretter, Messer, Kartoffelschäler, Zahnstocher, Gewürznelken, Buntpapier für die Fähnchen, Gemüsesorten nach Wahl (Radieschen, Möhren, Gurken, Paprika, Kohlrabi, Schikoree), Babybell (Käse), Quark, Zwiebeln, Salz, Petersilie und andere Kräuter für Füllung des Schiffchens

Frischkäsekugeln
Schüssel, Handrührgerät, Messer, Schneidebrettchen, Quark, Butter, Schnittlauch, Paprika, Sesamsamen, Salz
Belegte Brote
Vollkornbrot, Frischkäse, Gurken, Möhren, Radieschen, Petersilie, Schnittlauch

Zubereitung
Quark und Butter im Verhältnis 2:1 unter Zugabe von etwas Salz in der Schüssel mit dem Handrührgerät verrühren und mit den Händen zu kleinen Kugeln formen (4 cm). Schnittlauch und Paprika sehr klein schneiden. Die Käsekugeln in dem klein geschnittenen Schnittlauch, Paprika oder Sesam wälzen.

Die Brotscheibe mit Frischkäse bestreichen. Das Gemüse waschen, Möhren schälen und in Scheiben schneiden. Damit die Brote zu originellen Figuren gestalten.
Das schön gestaltete Rezept kann als Geschenk zum Muttertag Verwendung finden. Vielleicht ist es den Kindern sogar möglich, die Mutter mit einem gesunden Frühstück zu überraschen.

Ein gesundes Schulfrühstück sollte nicht nur eine einmalige Aktion sein, sondern mehrmals im Jahr wiederholt werden. Jeweils eine Kindergruppe könnte (u.U. mit Elternmithilfe) einmal im Monat gesunde Brote für die Klasse vorbereiten. Die Klasse könnte aber auch ein gesundes Frühstück für den Pausenverkauf vorbereiten. In unseren Erprobungsklassen wurden diese Aktionen mit zum Selbstkostenpreis angebotenen Broten in der Schule gut angenommen.

Weitere Anregungen und Materialien
Obst- und Gemüsegesichter
Die Vorlagen für Obst- und Gemüsegesichter (Kopiervorlage 21, 22) könnten zur Festigung der Namen und zur kreativen Gestaltung genutzt werden. Auf die korrekte Farbgebung sollte geachtet werden. Jedes Kind kann sein Obst- bzw. Gemüsegesicht vorstellen und wiederholt dabei gleich noch die Bezeichnung der Körperteile (eventuell an der Tafel vorgeben.): Zum Beispiel: als Mund habe ich eine Mohrrübe genommen.

Sachinformation
Leistungskurve eines Schulkindes

Einteilung der Nahrung
1. Nährstoffe
– Kohlenhydrate
55% des täglichen Kalorienbedarfs sollten durch Kohlenhydrate abgedeckt werden. Wertvolle Kohlenhydrate decken den Energiebedarf und dienen als Ballaststoffe (Obst, Gemüse, Hülsenfrüchte, Getreide, Brot, Reis, Nudeln).
Kohlenhydrate – das sind in unserer Nahrung vor allem Zucker und Stärke. Dabei sind Lebensmittel zu empfehlen, die neben der „puren Energie" auch wertvolle Ballaststoffe zur Anregung der Verdauung liefern (Vollkornprodukte, Hülsenfrüchte, Gemüse, Obst). Zu viel Zucker, Weißbrot u.Ä. macht nicht nur den Darm träge, sondern führt zu

Übergewicht und Zahnschäden. Die Deutschen essen durchschnittlich pro Kopf über 40 kg Zucker im Jahr.
– Fette
Fette gehören zu den unverzichtbaren Bestandteilen unserer Nahrung. „Offensichtliche" Fette sind z.B. Butter und Öle. „Versteckte" Fette sind z.B. in Fleisch, Schokolade, Eiern, Käse, Milch, Chips und Pommes enthalten. Die empfohlene Menge Fett pro Tag beträgt etwa 40 bis 70 Gramm (ca. 40 g Fett sind in einer Tafel Schokolade enthalten).
– Eiweiße
Eiweiße sind notwendig für Erhaltung und Wachstum der Zellen, für Knochen, Haut, Haare, Blutdruck, Blutzuckerspiegel, Stoffwechsel, Nährstoff- und Sauerstofftransport im Blut.
Kinder im Wachstum haben einen besonders hohen Bedarf an Eiweißen. Hochwertige Eiweiße liefern Milch, Fleisch, Fisch, Eier. Eiweiße sind aber auch in Hülsenfrüchten, Kartoffeln und Blattgemüse enthalten.

2. Vitamine

Vitamine sind aus Pflanzen und Bakterien gewonnene Substanzen, die für den Stoffwechsel des Menschen unentbehrlich sind. Menschen können Vitamine nicht selbst herstellen und auch nicht speichern. Deshalb müssen sie ständig mit der täglichen Nahrung aufgenommen werden. Vitamine zeigen bereits bei der kleinsten Dosierung (1 mg und weniger) biologische Wirkung. Ein Mangel an Vitaminen kann die Abwehrkräfte des Menschen gegen Krankheiten herabsetzen und sogar zu Vitaminmangelerkrankungen führen (nach Meyers Großes Taschenlexikon, Bd. 23, S. 207, Mannheim, 1992).
Vitamine sind für den Verdauungsprozess der genannten Nährstoffe ebenso notwendig wie für die Bildung von Hormonen, roten Blutkörperchen und für die Funktionstüchtigkeit des Nervensystems. Vitamine können vom Körper nicht selbst gebildet werden.
Vitamin B1 ist z.B. in Schweinefleisch, Brot, Teigwaren enthalten und wichtig für die Freisetzung der Energie aus Kohlenhydraten und der Synthese einer für die Nerven wichtigen Substanz.
Vitamin C ist z.B. in Obst, Gemüse, Kartoffeln enthalten und wichtig für Knochen, Zähne, Blutgefäße und Bindegewebe. Mangel an Vitamin C kann zu Skorbut führen.
Vitamin A ist z.B. in Eiern, Käse, Butter, Milch und einigen Gemüsesorten enthalten und wichtig für Haut, Knochenwachstum, Sehvermögen und Zähne.
Vitamin D ist z.B. in Milch enthalten. Es ist für das Wachstum und die Gesunderhaltung der Knochen wichtig.

3. Mineralstoffe

Mineralstofffe erfüllen wichtige Funktionen für das Wachstum u.Ä. bei Kindern. Kalzium ist z.B. in Milch- und Milchprodukten, Zitrusfrüchten, Erbsen, Bohnen und Sesamsamen enthalten. Es ist das Hauptbaumaterial für Knochen und Zähne und wird auch für die Tätigkeit der Muskeln und des Herzens benötigt.
Magnesium ist z.B. in Vollkorn, Nüssen, Bohnen, Milch enthalten und notwendig für den Knochenbau, die Muskeln und das Nervensystem.

4. Spurenelemente

Lebenswichtige Spurenelemente wie Eisen, Zink, Jod, Fluor werden mit der Nahrung in nur sehr kleinen Mengen aufgenommen. Ist unsere Nahrung zu einseitig, kann das zu Mangelerscheinungen führen. So beeinflusst Jod die Produktion der Hormone in der Schilddrüse und Eisen ist Bestandteil des roten Blutfarbstoffs.

Kopiervorlage 23

Lesebuch Seite 84, 85

Sprachbuch Seite 48, 49

Muntermacher für Kranke und Gesunde   Seite 34
Zur Arbeit mit der Seite

Während auf den Seiten 32/33 Vorschläge für gesunde Ernährung mit Gemüse gemacht werden, steht auf dieser Seite Obst im Mittelpunkt. Den Kindern werden Anregungen gegeben zur Herstellung von vitaminreichen Drinks aus frischen Früchten.
Die Arbeit in der Klasse lässt sich gut in Gruppen organisieren. Arbeitstische zur Herstellung der Drinks, der Strohhalmfiguren, zum Gestalten der Obst- und Gemüsegesichter und der Rezeptblätter werden vorbereitet.

Herstellung der Vitamindrinks

Für die Herstellung des Vitamindrinks sind folgende Materialien notwendig:
Gläser, Strohhalme, Wollfäden, Schaschlikspieße, Holzbrett, Messer, Orangen, Zitronen, Ananassaft, Saftpressen, Teller, gehackte und geriebene Mandeln, Obst zum Verzieren: Karambole (Sternfrucht), Zitrone, Kiwi, Weintrauben

Angebote an den Arbeitstischen
Verzieren des Glasrandes
Zitrone zerschneiden, mit der Zitrone den Rand des Glases einreiben, das Glas vorsichtig in den Teller mit Mandelmischung drücken. (Die Feuchtigkeit des Glasrandes kann auch durch Eintauchen in Grenadinsirup erreicht werden, die Mandeln erhalten dadurch eine rötliche Färbung. Auf das Eintauchen des Randes in Zucker wurde verzichtet, um einen wirklich gesunden Drink herzustellen. Eintauchen in Kakao, um eine dunkle Färbung zu erhalten, ist möglich.)

Herstellen des Drinks

1 Orange, 1/2 Zitrone zerschneiden, Orange und Zitrone auspressen, in die Gläser füllen, mit Ananassaft auffüllen.

(Die halbe Schale einer großen Orange kann auch als originelles Trinkgefäß dienen.)

Verzieren der Gläser und Strohhalmfiguren
Karambole, Zitrone, Kiwi halbieren, von den halben Früchten eine Scheibe abschneiden, einen Schlitz bis zur Mitte der Frucht schneiden, auf den Glasrand stecken, Weintrauben auf Schaschlikspieß stecken.
Strohhalmfiguren (Kopiervorlage 24): Die Figuren werden zuerst ausgemalt, dann ausgeschnitten und passgerecht um den Strohhalm gelegt, als Schwanz dient ein Wollfaden.

Obst- und Gemüsegesichter
Farben, Kopiervorlagen 19/20 und großes Zeichenpapier

Rezepte schreiben
Die Rezepte können die Kinder selbst aus dem Heimat- und Sachbuch Seite 34 schreiben. Sie können auch neue Rezepte ausprobieren, für die Drinks Namen erfinden und die Rezepte aufschreiben und gestalten.

Kopiervorlagen 19, 20, 24

Die Erde ist unser Haus

Vorüberlegungen zum Kapitel

In diesem umfangreichen Kapitel werden Begegnungen mit der lebenden und der nichtlebenden Natur ermöglicht. Auf intensive Weise sollen die Kinder sich mit Pflanzen und Tieren auseinandersetzen und dabei lernen, ihre Besonderheiten zu erforschen und über die sachbezogene Auseinandersetzung auch emotionale Beziehungen aufzubauen. Gerade die unmittelbare sinnliche Begegnung mit Pflanzen und Tieren schafft diese emotionale Beteiligung und unterstützt das kindliche Lernen. Sowohl bei der Vorbereitung, Durchführung und Auswertung der Heckenerkundung als auch bei der Durchführung eines Igelprojektes werden die Kinder mit der Projektarbeit vertraut gemacht und somit intensiv an der Gestaltung ihres Lernprozesses beteiligt. Darüber hinaus wird in diesem Kapitel eine neue Arbeitsform eingeführt, die die Kinder befähigen soll, sich im zunehmenden Maße selbstständig Wissen anzueignen und dieses verfügbar zu machen. Es wird das Anlegen einer Tier- und Pflanzen-Kartei empfohlen.

Auf spielerische Weise erkunden die Kinder die physikalischen und chemischen Eigenschaften des Wassers und lernen dabei auch die Gefahren von Flüssigkeiten kennen. Der Wissenszuwachs erfolgt überwiegend durch Experimentieren und Erproben. Wasser als kostbarstes Gut wird auf der Seite „Wasser und Leben" bewusst gemacht.

Auf der Seite 67 „So wird es gemacht" werden Schiffchen vorgestellt, die aus einfachen Alltagsmaterialien herzustellen sind.

Der Lebensraum Wiese ist den Kindern bereits vertraut. Die Erkundung eines Lebensraumes in Stationen kennen die Kinder bereits aus dem 1. Schuljahr.

Das Leben in der Hecke sollen sie nun, ausgehend von den Erfahrungen mit der Wiese, auf ähnliche Weise entdecken und zu den verschiedenen Jahreszeiten erkunden. Es sollte nicht nur Artenkenntnis vermittelt werden, sondern auch Verhaltensregeln für das Beobachten von Tieren und Pflanzen aufgestellt und beachtet werden.

Exemplarisch wird am Beispiel der Heckenrose die Entwicklung von der Blüte zur Frucht aufgezeigt.

Besonders bedeutsam für die Gesundheit sind die Unterscheidung von giftigen und essbaren Heckenfrüchten und der Hinweis auf die Gefahren durch den Fuchsbandwurm.

Lehrplanziel ist es, die Tiere der Hecke nach dem Aussehen unterscheiden und benennen zu können. Dazu gibt es im Freiarbeitsmaterial ein Tierbestimmungsbüchlein und ein Tierpuzzle und die Buchseiten 35, 42–47. Tierbeobachtungen mit Kindern verlangen äußerste Sensibilität. Eine Beobachtergruppe in Klassenstärke muss darauf gut vorbereitet werden. Es empfiehlt sich eine Beobachtung im Rahmen eines Stationenbetriebs oder in Kleingruppen. Vorher müssen Verhaltensregeln erarbeitet werden, damit die Tiere bei der Beobachtung nicht gestört werden. Zum Beispiel: Verhalte dich leise! Gehe langsam in das Gebüsch! Schau auf den Boden, auf den du trittst! Lege kleine Tiere, wie Käfer und Raupen, nach der Beobachtung an den Fundort zurück! Zerstöre keine Nester und Spinnennetze!

Als Beispiel für die Lebensweise eines frei lebenden Tieres wurde der Igel gewählt. Das Projekt „Igel" ermöglicht den Kindern, sich selbst Wissen anzueignen und sich mit eigenen Ideen an der Gestaltung zu beteiligen.

Zum Abschluss ist das besonders genaue Beobachten gefragt. Bei der Erkundung sollte in Detektivarbeit nach verschiedenen Tierspuren gesucht werden.

Auch im zweiten Teil des Kapitels spielt das Erkunden der Umwelt eine große Rolle. Wie sich Hitze und Kälte auf Materialien und Stoffe auswirken, soll erprobt werden. Die Kinder untersuchen, wie man Temperaturen nicht nur subjektiv empfinden, sondern genau messen kann. Mit dem Bau eines eigenen Thermometers setzen die Kinder danach ihr erworbenes Wissen praktisch um.

Lernziele

2.5.1 Die Hecke im Jahreslauf
- Jahreszeitliche Veränderungen beobachten und festhalten
- Achtung und Verantwortung gegenüber Tieren und Pflanzen entwickeln

2.5.2 Tiere der Hecke
- Einige Tiere der Hecke nach ihrem Aussehen unterscheiden und benennen
- Die Lebensweise eines Tieres in der Hecke beobachten

2.5.3 Pflanzen in der Hecke
- Einige Blütenpflanzen nach der Blüte unterscheiden und benennen
- Einige Sträucher nach Größe, Blatt, Blüte und Frucht unterscheiden und benennen
- Entwicklung von der Blüte zur Frucht beschreiben

- Ungenießbare oder giftige Früchte kennen und um die Gefahren beim Verzehr von Früchten wissen

2.7.1 Wasser und Leben
- Die Bedeutung des Wassers für den Menschen erfassen: Lebenserhaltung, Körperpflege, Reinigung
- Mit Wasser bewusst umgehen: Verbrauch, Schutz

2.7.2 Erfahrungen mit Wasser
- Mit Wasser spielerisch umgehen
- Schwimmen und Sinken erproben
- Zustandsformen unterscheiden: fest, flüssig, gasförmig
- Um die Gefahren bei Flüssigkeiten wissen, die ähnlich wie Wasser aussehen
- Stoffe in Wasser lösen
- Einfache Trennverfahren durchführen

2.7.3 Erfahrungen mit Temperaturen
- Einfluss verschiedener Temperaturen auf Materialien und Stoffe untersuchen
- Das subjektive Empfinden von Temperaturen erkunden
- Thermometer bauen und Temperaturen messen

Literatur

Igel:
Wildtier Igel. Eine kleine Igelkunde. pro Igel e.V., 1994
Steinbach, G.: Wir tun was ... Für die Igel. Kosmos Verlag Stuttgart, 1990
Drefke-Falkenstein, U.: Vom Igel, der nicht schlafen wollte. Ernst Klett Verlag, 1990
Gersmeier, R.; Dreyer-Engels, S.: Igelabenteuer. W. Mann Verlag, 1996
Der Igel. Differix-Klassenbibliothek. herausgegeben von der CVK Redaktion Primarstufe, 1987
Seifinger, O.: Mit Muckl durch das Igel-Jahr. Auer-Verlag, 1995
Wessel, J.; Geising, H. (Hrsg.): Spielend die Umwelt entdecken. Handbuch Umweltbildung Luchterhand Verlag, 1995

Wasser, Temperatur:
Becker, R.; Klein, K.: Sachunterricht begreifen. Experimente und Studien für den Sachunterricht in der Primarstufe. Hohengehren, 1998
Klein, K.; Becker, R.: Sachunterricht begreifen. Experimente und Studien für den Sachunterricht. Band 2. Hohengehren, 1999
Klein, K.; Mendel, C.; Milardovic, I.: Sachunterricht begreifen. Experimente und Studien für den Sachunterricht in der Primarstufe. Band 3. Hohengehren, 2000
Schönknecht, G.; Wall, Ch.: Erlebniswelt Wasser. Fächerübergreifendes selbständiges und gemeinsames Lernen. In: Lernchancen, H. 1/1998, S. 18–22
Schönknecht, G.: Wasserwerkstatt. In: Die Grundschulzeitschrift H. 117/1998, S. 14–17
Walter, Gisela: Die Elemente im Kindergarten: Wasser. Freiburg i.Br., 1992
Dewey, J.; Kilpatrick, W.H.: Der Projekt-Plan – Grundlegung und Praxis. Bölauverlag: Weimar, 1935

Hecke:
Arnhem, R.: Der große Kosmos Naturführer: Die Vögel Europas. Kosmos: Stuttgart, 1977
Bayerische Landesanstalt für Bodenkultur und Pflanzenbau, Abteilung Boden und Landschaftspflege:
Aichele, D.: Was blüht denn da? Kosmos: Stuttgart Merkblätter für Bodenkultur Nr. 3, Oktober 1982
Bayerisches Staatsministerium für Landesentwicklung und Umweltfragen: Lebensraum Hecke, 1991
Bayerisches Staatsministerium für Landesentwicklung und Umweltfragen:
1. Schützen und blühen lassen, München, 2000
2. Schützen und leben lassen, München, 1996
3. Sehen und schätzen lernen, München, 1995
Carter, D.; Hargreaves, B.: Raupen und Schmetterlinge Europas und ihre Futterpflanzen. Verlag Paul Parey: Hamburg und Berlin, 1987
Cerny, W.; Drchal, K.: Welcher Vogel ist das? Kosmos: Stuttgart, 1977
Conert, H.: Tierspuren. Ravensburger: 1997
Cornell, J.: Mit Kindern die Natur erleben. Verlag an der Ruhr: Mühlheim, 1998
Elstner, E., Prof. Dr.: Sträucher und Gehölze. Lingen Verlag: Köln, 1983
Harz, K., Dr.: Bäume und Sträucher. BLV Verlagsgesellschaft: München Wien Zürich, 1997
Horsfall, J.: Mit Kindern die Natur erspielen. Verlag an der Ruhr: Mühlheim, 1997
Natur-Fächer: Tierspuren richtig deuten. ars edition: München, 1999
Ohnesorge, G.; Scheiba, B.; Uhlenhaut, K.: Tierspuren und Fährten in Feld und Wald. Weltbild Verlag: Augsburg, 1995
Preuß, Carola; Ruge, Klaus: CD Vogelstimmen mit Bildkarten. Verlag an der Ruhr: Mülheim an der Ruhr, 1998
Tordjman, N.: Leben in der Hecke. Ravensburger: 1988
Willmeroth, S.; Rösgen, A.: Die Herbst-Werkstatt. Verlag an der Ruhr: Mühlheim, 1999
Zaradnik, J.; Cihar, J.: Der Kosmos – Tierführer. Kosmos: Stuttgart, 1978
Maurer, G.: Mein erstes Bestimmungsbuch, Pflanzen und Tiere. Ernst Klett Grundschulverlag: Stuttgart Düsseldorf Leipzig, 2000
Maurer, G.: Mein erstes Bestimmungsbuch, Spuren. Ernst Klett Grundschulverlag: Stuttgart Düsseldorf Leipzig, 2000

Tonfilme:
1. Lebensraum Hecke
2. Von der Blüte zur Frucht (Am Beispiel der Kirsche)
3. Die Zauneidechse
4. Die Kreuzspinne
5. Im Hamsterrevier

Seite 35 Die Erde ist unser Haus

Zur Arbeit mit der Seite

Auf diesem Erzählbild sind Frühling und Herbst vermischt. Zu den bekanntesten Heckensträuchern findet man gleichzeitig Blüten und Früchte. So lassen sich die Pflanzen neben den Blättern durch Blüte und Frucht eindeutiger unterscheiden. Dabei wird bereits das Thema: „Von der Blüte zur Frucht" aufgegriffen. Das Bild soll eine Hecke in Miniatur aufzeigen, die Lebensraum für viele Pflanzen und Hunderte von Tierarten ist.

Abgebildete Pflanzen: Buschwindröschen, Heckenrose, Schwarzer Holunder, Hasel, Weißdorn.

Abgebildete Tiere: Amsel, Neuntöter, Haselmaus, Igel, Zauneidechse, Schnecke, Erdkröte, Käfer, Kreuzspinne, Ameisen, Schmetterling.

Die abgebildete Hecke soll die Kinder anregen zu überlegen, wo sie in ihrer Umgebung Hecken finden und erkunden können. Der Käfer, den der Bücherwurm mit der Lupe vergrößert, soll zeigen, dass auch kleine Tiere oder Einzelheiten zu beobachten sind. Mit Hilfe des Pflanzen- und Tierbestimmungsbüchleins oder anderer Bestimmungsbücher können die Kinder die Pflanzen und Tiere dieser Seite benennen.

Sachinformation

Arten

Es gibt je nach Wuchshöhe verschiedene Arten von Hecken: Nieder-, Mittel-, Hoch- und Baumhecken. Hecken und Feldgehölze sind von Menschenhand angelegt. Hecken sind schmale Streifen aus Bäumen und Sträuchern, die Felder trennen oder an Wegrändern und Böschungen wachsen. Sie stellen eine Grenze zwischen zwei Flurflächen dar. Sie enstanden auch dort, wo Landwirte die Steine, die sie vom Acker aufgelesen hatten, aufschichteten. Diese Art von Hecken sind vor allem in der Fränkischen Alb, im Oberpfälzer und Bayerischen Wald und in der Rhön zu finden. So genannte Baumhecken gibt es mehr im Alpenvorland. Natürlich sieht man auch vielfältige Mischformen. Feldgehölze sind nicht langgestreckt, sondern eher kleinflächig und inselartig. In bewohnten Gebieten dienen Hecken als Zäune.

Entstehung

Hecken entstehen durch den Anflug von Samen auf Böden, die nicht landwirtschaftlich genutzt werden. Sie werden aber auch gezielt angepflanzt als „lebende Zäune", um Felder abzugrenzen und vor Wind und Erosion zu schützen. Leider wurden zur Zeit der Flurbereinigung viele Begrenzungshecken zerstört. Bei der „Benjes-Hecke" empfiehlt ihr Erfinder und Namensgeber, dort, wo man die Hecke anlegen will, Reisig und Baumschnitt in einer Reihe auf dem Boden aufzuschichten. Schon bald werden Heckentiere einziehen und die Vögel durch ihren Kot die Samen der Heckenpflanzen dort verbreiten.

Aufbau

Hecken bestehen meist aus Gehölzen, die Licht benötigen, und sind bis in den Bodenbereich begrünt. So gelangt in den inneren Bereich, das Zentrum, nur wenig Licht. Die Blütenpflanzen wie Leberblümchen, Buschwindröschen etc. finden nur im Frühling unter den noch unbelaubten Sträuchern genügend Licht. Der Aufbau ist ähnlich wie beim Wald in Stockwerke gegliedert. Es gibt auch Niederhecken, die keine Baumschicht haben.

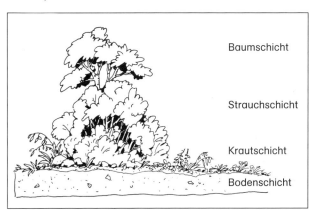

Die Baumschicht ist vor allem Spähplatz der Greifvögel, aber auch Nistplatz und Ansitz für die Singvögel. Auch viele Insekten halten sich dort auf. Die Strauchschicht dient als Nistplatz, Futterstelle und Zufluchtsort für die Vögel, die im Gebüsch brüten. Die Krautschicht ist Nistplatz für Bodenbrüter, Lebensraum für Raupen und Schnecken und Zufluchtsort z.B. für den Feldhasen. In oder auf dem Boden einer Hecke leben u.a. viele Insekten, Spinnen, der Fuchs, Grillen, das Wiesel, Erdbienen.

Lebensraum für Tiere und Pflanzen

Auf kleinster Fläche wird bei der Hecke die höchste biologische Vielfalt erzielt. In manchen Hecken Süddeutschlands sind Hunderte verschiedener Tierarten aufzuspüren. Sie können hier nicht alle aufgezählt werden. Man trifft auf eine besondere Artenvielfalt an Vögeln, Schmetterlingen und Käfern. Hecken bieten oft für Tiere, die in ihrem Bestand bedroht sind, die letzte Rückzugsmöglichkeit und Schutz. Dies mag daher rühren, dass Hecken weniger von Düngemitteln und Umweltgiften belastet sind als die sie umgebenden landwirtschaftlich genutzten Felder und Wiesen. Die Tiere der Hecke haben einen Aktionsradius, der oft weit in das Umland und die Felder hinausreicht.

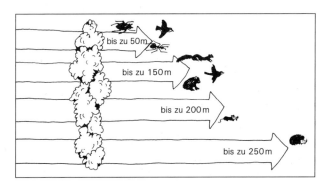

Die Hecke dient den Tieren als Wohn- und Nistplatz, Kinderstube, Futterstelle, Ansitz und Spähplatz, Ort zum Überwintern, Schutz vor Feinden und Unterstand bei ungünstiger Witterung.
Hecken sind durch das Naturschutzergänzungsgesetz von 1962 besonders zu schützen!

Nahrungsbeziehungen

Viele Heckentiere ernähren sich von anderen Heckentieren. Die Waldohreule erbeutet Mäuse. Die Zauneidechse ernährt sich von Larven, Schnecken und Würmern. Beeren, Früchte und Insekten sind die Hauptnahrung der Heckenvögel. Schmetterlingsraupen bevorzugen die Blätter bestimmter Pflanzen und Sträucher der Hecke. Marienkäfer, Schlupfwespe und andere nützliche Insekten ernähren sich von Schädlingen. Eichhörnchen und Haselmaus sammeln die Haselnüsse.

Nutzen

Gegenüber monotonen Flächen wird wohl der Anblick einer durch Hecken gegliederten Landschaft von jedem Menschen positiver bewertet. In Bayern ergab ein Versuch in der Landwirtschaft, dass die Felder, die an Hecken angrenzen, höhere Ertragssteigerungen einbringen. Mit zunehmender Entfernung zur Hecke sinkt der Ertrag auf Normalwerte. Hecken leiten den Windstrom um und erreichen dadurch eine Verringerung der Windgeschwindigkeit. So wird der Boden vor Winderosion geschützt. Hecken speichern mehr Niederschläge als die Felder und können die Verdunstung des Bodenwassers deutlich verlangsamen. An der windabgewandten Seite ist die Luft- und Bodenfeuchte erhöht und die Taubildung verstärkt. Hecken bieten im Winter Schutz vor Kaltluft, Frost und Schneeverwehungen und im Sommer bei großer Hitze Schatten für Mensch und Tier. Auch das Weidevieh sucht Unterstand am Rande der Hecken. Hecken reduzieren die Schadstoffbelastung der Nutzflächen. Entlang der Straßen sind sie wichtige Staub- und Lärmfilter. Die Gesamtbilanz ist äußerst positiv!

Pflege

Hecken dürfen in der Vegetationsruhe zwischen September und Ende Februar geschnitten werden. Sie sollten nach 8–15 Jahren teilweise bis auf eine Handbreit über dem Boden zurückgeschnitten werden. Oder man unterzieht einzelne Sträucher einem Verjüngungsschnitt.

Gefahren

Manche Hecken werden gerodet, weil sie die Landwirte bei der Bewirtschaftung der umliegenden Flächen durch Maschinen stören. Viele Hecken werden nicht mehr zurückgeschnitten, überaltern und können sich zu Waldformen entwickeln. Sie verschwinden häufig auch durch die Verbreiterung und den Neubau von Straßen. Auch durch den Einsatz von Giften auf die angrenzenden Flächen nimmt dieser wertvolle Lebensraum Schaden.

Kopiervorlagen 25, 26

Lesebuch Seite 141

In der Hecke ist immer was los   Seite 36/37
Zur Arbeit mit den Seiten

Beide Seiten zeigen Anregungen, wie die Kinder die Hecke erkunden können. Die Kinder beschreiben, welche Stationen sie auf diesen Seiten sehen und ergänzen diese Sammlung durch eigene Ideen. Die Organisation eines Stationenbetriebes und dessen Durchführung haben sie im 1. Schuljahr beim Lebensraum Wiese bereits kennen gelernt und erprobt (Lehrerhandbuch Band 1, Seite 34). Da die Hecke im Jahreslauf beobachtet werden soll, sind mindestens zwei originale Begegnungen notwendig: im Frühling, wenn die Blumen und Sträucher blühen und die Vögel ihre Nester bauen, und im Herbst, wenn die Früchte reifen. Bei der Erkundung im Frühling müssen die Kinder, die auf den Blütenstaub der Haselnuss allergisch sind, vorsichtig sein! Ein Problem bei der Erkundung im Herbst ist, dass die Kinder die Früchte vor den Blüten kennen lernen. Im Winter sind bei Neuschnee die Trittspuren einiger Heckentiere gut zu sehen.

Vor dem Erkundungsgang sollten folgende Materialien bereitgestellt werden: Stationszettel, Papier, Schreibunterlage, Stifte, Lupen, Insektensauger, Becherlupen, Tücher, Körbchen, Telefonbücher oder Pflanzenpresse, Schnur, Metallmaßband, Bestimmungsbücher.

Vorschläge für einzelne Stationen

Auf der Seite 36 sind folgende Ideen abgebildet:

Früchte sammeln
Beim Sammeln von Früchten ist Vorsicht geboten. Am besten werden die Früchte in zwei Körben gesammelt: in einem Korb werden die essbaren, im anderen die giftigen Früchte gesammelt. Zum Sortieren nehmen die Kinder das Bestimmungsbuch zu Hilfe. Bei der Ernte von Hagebutten ist es ratsam, Gartenhandschuhe zu benutzen.

Warnschild
Finden die Kinder giftige Beeren oder Früchte, schreiben sie ein Warnschild und hängen es mit einer Schnur an den Strauch.

Blätterpresse
Am besten eignen sich alte Telefonbücher zum Pressen. Die Kinder legen die gefundenen Blätter vorsichtig zwischen die Buchseiten. Grundregel: Keine Blätter mutwillig abreißen oder zerstören.

Windfahne
An einen Stock oder Zweig wird ein Wollfaden oder ein Teil eines Papiertaschentuches gebunden. Der Stock wird nacheinander auf beiden Seiten der Hecke in den Boden gesteckt. Wenn keine Windstille herrscht, können die Kinder herausfinden, ob die Luftströmungen auf einer Heckenseite stärker sind.

Tierdetektiv
Die Kinder beobachten leise Tiere der Hecke oder suchen nach deren Spuren. Grundregel: Der Detektiv stört kein Tier und zerstört keine Fundstücke. Er sammelt nur Dinge, die von den Tieren nicht mehr benötigt werden und zurückgelassen wurden. Ein Spinnennetz kann abgezeichnet werden. Oft lassen sich die Spuren leichter finden als die Tiere selbst. Man könnte auch die Anzahl der verlassenen Vogelnester notieren. Insekten lassen sich am besten beobachten.

Insektensauger
Wiederverwendung des Insektensaugers aus dem 1. Schuljahr

Weitere nicht abgebildete Stationen
Höhenmesser
Mit einem ausziehbaren Metallmaßband, das „stehen" bleiben kann, werden die Höhen verschiedener Sträucher gemessen, notiert und verglichen.

Durchsicht
Um zu prüfen, wie dicht die Hecke bewachsen ist, gehen Kinder am Rand beiderseits der Hecke entlang und testen, ob sie sich durch die Hecke noch sehen können.

Schallschutz
Wie bei der Durchsicht kann auch geprüft werden, ob sich die Kinder durch die Hecke noch hören können und welche Lautstärke sie verwenden. Der Test kann auch mit verschiedenen Geräuschen durchgeführt werden. Dabei dürfen keine Tiere gestört werden!

Nussknacker
Wir brauchen Werkzeuge, um die haltbar verpackten Samen der Haselnuss zu knacken. Wer knackt die Nuss am schnellsten?

Auf Seite 37 sind folgende Ideen abgebildet:
Ferngucker
Mit einem Fernglas wird der Nestbau eines Vogelpaares oder die Fütterung von Jungvögeln beobachtet. Diese Station bedarf besonderer Stille, damit die Vögel, die beobachtet werden, nicht gestört werden. Bei der Fütterung könnte man notieren, wie oft die Vogeleltern in einer bestimmten Zeit füttern.

Steinversteck
Die Kinder schauen in alle Zwischenräume von Steinhaufen nach Eidechsen, Käfern, Löchern und Gängen.

Fühlen
Ein Kind schaut sich die Sträucher, die vor ihm sind, genau an. Es werden ihm die Augen verbunden. Nun wird es von einem anderen zu einem Strauch geführt. Nach dem Abtasten von Blätter und Blüten muss es den Namen des Strauches nennen.

Zeichenkünstler
Eine Blüte wird genau betrachtet und abgezeichnet.

Zähler
Die Blütenblätter der Blumen werden gezählt und aufgeschrieben.

Sammelstelle
Es wird eine Sammelstelle eingerichtet, an der alle Fundstücke abgelegt werden können.

Weitere nicht abgebildete Stationen
Staubwedel
Man nimmt ein gelbes, würstchenförmiges Haselkätzchen und staubt es über einem schwarzen Tonpapier aus, sodass der Blütenstaub sichtbar wird.

Schnüffelnase
In eine Steichholzschachtel wird ein Loch gestochen. In der Schachtel ist eine duftende Holunderblüte versteckt. Wird die Blüte nicht erkannt, ist ein zweiter Versuch mit einer Schachtel möglich, die drei Löcher hat.

Farbenpracht
Es wird notiert, wie viele Pflanzen weiße oder rosa oder gelbe Blüten hatten.

Weitere Anregungen und Materialien
Grußkarten
Heckenpflanzenblätter eignen sich für die Frottagetechnik. Besonders schön werden die Abdrücke von Weißdorn-, Heckenrosen-, kleinen Haselnuss- und Brombeerblättern.

Heckenausstellung
Die Kinder stellen alles, was sie bei der Erkundung gefunden haben, in einem Schaukasten aus und beschriften es.

Gestalten mit Naturmaterial

Mit Blättern kannst du Raumschmuck, Einladungen oder Geschenke gestalten. Hier sind zwei Vorschläge:

Blätterlinge
Schmetterlinge aus Blättern, Zweigen und Früchten von Sträuchern lassen sich leicht durch Zusammenkleben herstellen.

Kopiervorlage	27
Freiarbeitsmaterial	Bestimmungsbüchlein Pflanzen und Tiere der Hecke

---

Seite 38 Was wächst denn da?
Zur Arbeit mit der Seite
Auf dieser Seite werden einige wichtige Blütenpflanzen und Sträucher vorgestellt. Die Kinder kennen bereits aus dem ersten Schuljahr Unterscheidungsmerkmale von Pflanzen. Ihnen sind die Begriffe Wurzel, Stängel, Blatt, Blüte und Samen geläufig. Beim Vergleich der Pflanzen, die auf den Fotos und Zeichnungen dieser Seite abgebildet sind, kann der fachspezifische Wortschatz erweitert werden.
Blätter:
Welche Größe haben die Blätter? Ist die Blattform rundlich, herzförmig, handförmig, gefingert, gefiedert, eiförmig oder gelappt? Ist der Blattrand gesägt, gebuchtet oder gekerbt? Wie verlaufen die Blattnerven? Sind die Blätter einzeln, zweireihig oder gegenständig angeordnet? Ist das Blatt glatt oder behaart, weich oder fest?
Stängel:
Ist er dick oder dünn, rund oder kantig, glatt oder stachelig, voll oder hohl?
Blüte:
Welche Anzahl, Größe und Farbe haben die Blütenblätter und wie sind sie angeordnet?
Früchte:
Welche Farbe und Form haben sie? Sind sie weich oder fest? Sind es Beeren, Nüsse, Steinfrüchte oder Kapseln? Und ganz wichtig ist: Sind sie essbar oder giftig?

Die Hecke soll bei der Erkundung nicht „geplündert" werden. Blütenblätter können gezählt werden, ohne sie abzureißen. Auch die Früchte sollten als Futter für die Tiere möglichst am Strauch belassen werden.
Die Seite dient zur Vorbereitung der Erkundung. In der Wirklichkeit sollen die Kinder die abgebildeten Pflanzen wieder erkennen. Weitere Heckensträucher sollten die Kinder in Bestimmungsbüchern nachschlagen. Der Bücherwurm macht die Kinder aufmerksam, dass es in der Hecke viele giftige Pflanzen und Früchte gibt. Es ist deshalb besonders wichtig, sich darüber zu informieren.
Ob Himbeeren und Brombeeren bei der Erkundung ohne zu waschen verzehrt werden dürfen, hängt davon ab ob die Hecke in einem vom Fuchsbandwurm gefährdeten Gebiet liegt. Auf alle Fälle müssen die Kinder über die Gefahren der Fuchsbandwurmeier belehrt werden (s. Sachinformation).

Weitere Anregungen und Materialien
Hecke als Projekt im Schulgarten
Wenn im Schulgelände genügend Platz ist, könnte ein Heckenlabyrinth gepflanzt werden. Es sollten aber keine giftigen Sträucher verwendet werden. Außerdem muss geklärt werden, wer den Heckenschnitt übernimmt.

Ein Weidenzelt anlegen

Sachinformation
Zu den Fotos der Blütenpflanzen
Leberblümchen:
Es gehört zu den Hahnenfußgewächsen und kommt selten vor. Wenn man einen Standort findet, dann handelt es sich meist um einen größeren Bestand. Die Blätter sind grundständig, dreilappig und haben einen festen Stiel. Der Rand ist glatt. Die sechs Blütenblätter sind blaulila. Sie fallen leicht ab. Bei Regen und Dunkelheit schließt sich die Blüte. Die Pflanze enthält Protoanemonin und ist schwach giftig. Sie steht unter Sammelverbot.
Buschwindröschen:
Diese Blütenpflanze gehört ebenfalls zu den Hahnenfußgewächsen und kommt häufig vor. Alle Teile der Pflanze sind giftig. Die sechs sternartig angeordneten Blütenblätter sind weiß und auf der Außenseite oft etwas rötlich. Die Blüte kommt aus einem Quirl von stark gegliederten, hochstehenden Blättern.
Veilchen:
Es gibt viele Arten: Raues-, Wald-, März-, Zweiblütiges-, Hain-, Acker- und Hundsveilchen. Das Märzveilchen ist das wohlriechende Veilchen. Die ersten drei Arten haben ihre Standorte im Gebüsch, an Wegrainen und in trockenen Wäldern. Alle haben herzförmige Blätter. Die Blüten des Märzveilchens sind dunkelviolett und duften, die des

Rauen Veilchens sind heller und geruchlos. Das Hainveilchen ist Futterpflanze für viele Schmetterlingsraupen, z.B. Kaisermantel und Großer Perlmutterfalter.

Lerchensporn:
Er gehört zu den Mohngewächsen. Es gibt den gefingerten und den hohlen Lerchensporn. Die Pflanzen bevorzugen Gebüsch und Waldränder. Die Knolle ist giftig. Sie enthält Alkaloide. Die Blüten sind rot bis violett oder weiß und am Ende des Stängels wie eine Traube angeordnet. Am Stängel wachsen zarte, doppelt dreizählige Blätter.

Zu den abgebildeten Sträuchern

Einige Angaben können aus dem Buch entnommen werden. Die Giftigkeit vieler Sträucher für den Menschen ist oft unbekannt. Dies ist wichtig zu wissen, weil oft giftige Sträucher im Spielbereich oder in und neben Schulhöfen zu finden sind. Es kann zu schweren, sogar lebensbedrohlichen Schädigungen kommen, wenn solche Pflanzenteile bzw. Gifte in den menschlichen Organismus gelangen. Die verschiedenen Pflanzenteile enthalten je nach Reifegrad und Standort oft unterschiedliche Giftmengen. Welche Dosis ein Mensch mit mehr oder weniger großem Schaden zu sich nehmen kann, hängt auch von der jeweiligen körperlichen Konstitution ab. Kinder sind neugierig und probieren gerne alles aus. Außerdem benutzen sie gerne Blätter und Früchte zum Sandspielen oder Kochenspielen. Es sollte auch der Hinweis nicht fehlen, dass viele Tiere, Vögel oder die Raupe des Ligusterschwärmers, ohne Schaden giftige Pflanzen verzehren können, der Mensch dagegen nicht. Für erste Hilfe im Vergiftungsfall ist unverzüglich die nächste Klinik aufzusuchen. In allen großen Städten gibt es Giftnotrufzentralen.

Giftige Sträucher:
Eibe, Seidelbast, Gemeine Heckenkirsche, Ginster, Gemeiner- und Wolliger Schneeball, Liguster, Stechpalme, Pfaffenhütchen, Zwergholunder, Schneebeere, Lebensbaum, Buchs und die Rankpflanze Efeu

Geschützte Sträucher:
Eibe, Sanddorn, Seidelbast und Wacholder

Weitere Informationen zu den abgebildeten Sträuchern

Pfaffenhütchen oder Spindelbaum:
Dieser Baum kommt bis zu einer Höhe von 2000 Metern vor. Die Zweige sind eher vierkantig, die lanzettlichen Blätter gegenständig angeordnet. Im Mai und Juni trägt er kleine, gelbgrüne, vierzählige Blüten. Die Frucht ist eine rote Kapsel, die vier orangefarbene Samen enthält. Die Samen, Blätter und die Rinde enthalten ein giftiges Öl. Früher wurden aus dem harten Holz dieses Strauches Spindeln hergestellt, wovon sich der Name Spindelbaum ableiten lässt.

Schlehe oder Schwarzdorn:
Der bis zu vier Meter hohe Strauch ist sehr dornig. Die Blätter sind länglich, ganz fein gesägt und spiralig angeordnet. Im April und Mai stehen die Sträucher in voller Blüte. Blühende Schlehenhecken ziehen sich wie weiße Bänder durch die Felder und Wiesen. Die Früchte schmecken herb und werden erst nach dem ersten Frost genießbar.

Haselnuss:
Der bis zu fünf Meter hohe Strauch wird von vielen Kindern erkannt, im Frühling wegen der langen, würstchenförmigen und stark stäubenden Kätzchen und im Herbst wegen der Nüsse. Die Hasel gehört zu den einhäusigen Windblütlern. Die männlichen Blüten befinden sich in einer eiförmigen Knospe mit rotem Griffel.
Die Blätter sind weich und rundlich. Das Blattgerippe ist deutlich zu sehen. Der Haselstrauch galt bei den Germanen als blitzsicher und war dem Donnergott geweiht. Noch heute werden geeignete Zweiggabeln von den Wünschelrutengängern verwendet.

Brombeere:
Stiele und Zweige sind mit vielen Stacheln besetzt. Die Brombeere breitet Schößlinge auch über anderem Gebüsch aus. Die Blätter sind fünf- und nach oben hin dreizählig gefiedert. Die fünf getrenntblättrigen Blütenblätter sind weiß. Die Sammelfrüchte sind anfangs grün, später rot und am Ende schwarz und bestehen aus vielen kleinen Steinfrüchten, die gerne zu Marmelade verarbeitet werden. Der Brombeerstrauch benötigt weniger Licht als der Himbeerstrauch. Er bildet oft ein undurchdringliches Dickicht. Die Vermehrung erfolgt durch Samen oder durch Zweige, die tief bis zum Boden hängen und dort Wurzeln schlagen.

Fuchsbandwurm

Der Fuchsbandwurm ist ein Parasit, der vor allem beim Rot- und Polarfuchs, aber auch bei Hunden und Katzen vorkommen kann. In einem Fuchs können Tausende von Bandwürmern leben. In Oberbayern sind schätzungsweise 30 % der Füchse befallen. Der Befall schwankt regional. Über den Kot werden die Eier ausgeschieden. So genannte Zwischenwirte, meist kleine Nager, nehmen sie auf. Aber auch der Mensch kann Zwischenwirt sein. Die Eier sind so leicht, dass sie nicht nur durch die Nahrung, sondern möglicherweise auch durch Einatmen in den Körper gelangen. Im Dünndarm schlüpft aus dem Ei eine Larve, die in die Leber gelangt und sie allmählich zu einem schwammigen Gewebe verändert. Dieses gleicht einem Tumor, wächst aber sehr langsam. Es können bis zu 15 Jahre verstreichen, bis Symptome auftreten. Heilung ist aber nur bei frühzeitiger Diagnose möglich.

Infektionswege:
- direkter Kontakt mit Füchsen (Jäger)
- Kontakt mit Haustieren, die infiziert sind
- Verzehr von Beeren und Pilzen, die mit Bandwurmeiern verseucht sind

Schutzmaßnahmen:
- Kein Verzehr von rohen Waldfrüchten (Erhitzen auf über 60 °C ist notwendig! Einfrieren von Beeren tötet die Eier nicht ab!)

– Kein Auslauf von Haustieren in gefährdeten Gebieten
– Haustiere regelmäßig entwurmen

Kopiervorlagen 28, 29

Freiarbeitsmaterial Kartenspiel Blätterkenner

Seite 39 Die Heckenrose
Zur Arbeit mit der Seite
Die Seite ist in drei Teilbereiche gegliedert.

1. Von der Blüte zur Frucht
Die Heckenrose ist fast allen Kindern vertraut. Deshalb eignet sie sich besonders gut für eine unterrichtliche Betrachtung. Anhand der Fotos können die einzelnen Stadien von der Knospe über die Blüte zur Frucht betrachtet und jahreszeitlich eingeordnet werden. Anhand eines Blütenmodells müssen die Begriffe Blütenblätter, Staubgefäße und Fruchtknoten geklärt werden. Die Kinder können auch selbst ein Blütenmodell der Heckenrose aus Plastilin, Zahnstochern und rosarotem Papier nachbilden. Die Abfolge: Knospe – Blüte – Insekten bestäuben – Fruchtknoten wächst – reife Hagebutte, sollte von den Kindern beschrieben werden können. Welche Rolle die Größe und Farbe der Blütenblätter und der Duft der Blüte spielen, könnte thematisiert werden. Auch die Bedeutung des Insektenbesuches sollte herausgearbeitet werden.

2. Die Vermehrung der Heckenrose
Die Vermehrung der Pflanzen durch Samen ist den Kindern bekannt. Sicher durfte jeder schon einmal im Kindergartenalter im Topf, auf dem Balkon oder im Gartenbeet Samen aussäen. Auch die Heckenrose lässt sich durch die kleinen Samen in der Hagebutte vermehren. Oft verbreiten die Vögel den Samen. In der Abbildung wird die Vermehrung durch Stecklinge gezeigt. Beim Abschneiden der Zweige ist es ratsam, die Kinder Gartenhandschuhe anziehen zu lassen. Zuerst werden Steckhölzer von einem nicht zu alten Zweig abgeschnitten. Während die Pflanzerde vorbereitet wird, stellt man die Stecklinge ins Wasser. In dem Pflanztopf sollten sie so gesteckt werden, dass die oberen Knospen zu sehen sind. Die Erde wird feucht gehalten.

3. Anlegen einer Kartei
Mit Hilfe eines Vordruckes lernen die Kinder, erworbenes Wissen festzuhalten und auch für andere in einer Pflanzenkartei zugänglich zu machen. Als Anregung ist hier eine Karteikarte abgebildet. Da Blüten und Früchte zu dick sind, um sie im Original auf die Karte zu kleben, werden hier Fotos, Bilder oder Farbkopien der Pflanzen aufgeklebt. Blätter, wie hier bei der Heckenrose, können (wenn sie von der Größe her passen) gepresst und danach auf die Karte geklebt werden. Zu jeder Pflanze sollte etwas Interessantes notiert werden (zu finden in Bestimmungsbüchern).

Tee und Marmelade zu probieren, könnte als Anregung dienen, ein Schulfrühstück mit Produkten aus Hagebutten zu bereiten.

Weitere Anregungen und Materialien
Man könnte so genannte „Elfchen" von den Kinder aufschreiben lassen. Das Märchen „Dornröschen" würde sich im Deutschunterricht zum Vorlesen oder als Aufführung eignen. Vielleicht finden die Kinder eine moderne Inszenierung selbst.

Sachinformation
Die Heckenrose oder Hundsrose ist ein Strauch, der bis zu 3 m hoch werden kann. Einige Zweige stehen aufrecht und viele hängen bogenförmig bis zum Boden. Die Zweige sind mit hakig gekrümmten Stacheln besetzt. Die Blüten sind bis zu 5 cm im Durchmesser. Die fünf rosa Blütenblätter öffnen sich im Mai und Juni. Die Blätter sind wechselständig und gefiedert. Die Fiederblättchen sind eiförmig und gesägt. Die Hagebutten werden im September rot. Es handelt sich um Scheinfrüchte mit behaarten Nüsschen, die manches Kind sicher schon als „Juckpulver" kennen gelernt hat. Die Hagebutten sind sehr reich an Vitamin C, enthalten auch Vitamin K, Vitamine der B-Gruppe und das Provitamin A. Die Früchte werden zu Tee und Marmelade verarbeitet. Die Heckenrose kommt fast in ganz Europa vor und wächst auch noch in höheren Gebirgsgegenden. Sie bevorzugt sonnige, trockene Lagen. Vom Weidevieh wird sie wegen der Stacheln gemieden. In Parkanlagen wird häufig die Kartoffelrose gepflanzt, die aus Fernost stammt. Ihre Blütenblätter sind rötlich und ihre Hagebutten kugelig. Schon im Tertiär gab es Rosen. Dies ergaben Funde von Pflanzenresten. Die Rose trägt den Titel „Königin der Blumen". Schon in uralten Zeiten erlagen die Menschen dem Zauber der Rose und deren Duft. Sie erhielt im Laufe der Zeit ihre eigene Symbolik. Weltweit gilt sie als ein Zeichen der Liebe. In der Kosmetik spielen Rosenöle eine große Rolle. Im 12. Jahrhundert vertrieb man mit Rosensirup Fieber, Schnupfen und Kopfweh. Auch Hildegard von Bingen empfahl Rosenkompressen für die Augen. Im Mittelalter galten Rosensamen als Wurmmittel. Die Wurzelrinde der Heckenrose soll gegen den Biss „toller" Hunde gewirkt haben. Außerdem wurde Rosenwasser als Heilmittel und die Hagebutten als Entwässerungsmittel verwendet.

Kopiervorlage 30

Holunder – eine Pflanze im Jahreslauf Seite 40/41
Zur Arbeit mit den Seiten
Die Kinder sollen einen Strauch in verschiedenen Jahreszeiten betrachten, damit sie lernen, Veränderungen in der Natur genau zu beobachten. Die beiden Fotos halten die Entwicklung von der Blüte zur Frucht beim Holunder fest.

Darüber hinaus werden die Kinder angeregt, die Blüten, Früchte und Zweige des Holunders zu nutzen.
Nach alten Rezepten lernen die Kinder Holunderblütensaft und Gelee aus Holunderbeeren herzustellen. Ihnen wird eine Methode zur Konservierung von Lebensmitteln durch Zucker oder Honig vermittelt. Aus den Zweigen stellen sie Pfeifen oder Pusterohre her. Mit den abgebildeten Produkten werden Anregungen zur weiteren künstlerischen Gestaltung gegeben.
Auf den unteren Fotos wird jeweils ein Arbeitsablauf verdeutlicht. Der Bücherwurm macht die Kinder auf einen alten Glauben aufmerksam.

Holunderblütensaft und -sirup herstellen

Aus Holunderblüten können Holunderblütensaft und Holunderblütensirup hergestellt werden. Beide verbreiten einen zarten Duft. Der Saft hält sich im Kühlschrank nur wenige Tage. Der Sirup schmeckt intensiver und hält sich länger.

Holunderblütensaft
- 1 Liter Wasser (Rezept im Buch Seite 40) mit ca. 30 Blütendolden ansetzen
- Becken mit Wasser füllen, Sieb hineinstellen, Blüten in das Sieb geben mit Wasser abspülen und Sieb aus dem Wasser nehmen
- Holunderblütendolden in das Gefäß geben, die geschnittene Zitrone und vier Esslöffel Honig hinzufügen
- Gefäß abgedeckt im Kühlschrank stehen lassen
- Flüssigkeit durchsieben und in Flaschen abfüllen

Holunderblütensirup
Für die Herstellung des Holundersirups benötigt man Schüsseln oder Töpfe, mehrere kleine Flaschen, Sieb, Trichter, Messer, Holzbrett, Esslöffel zum Abmessen, Messbecher und eine Saftpresse, ca. 1 kg Zucker, zwei Zitronen, Honig

Rezept:
- vier Dolden Holunderblüten, 1 kg Zucker, 1 Liter Wasser, Saft einer Zitrone
- Holunderblüten waschen und mit $1/2$ l Wasser bedecken
- zwei Tage in der Sonne stehen lassen
- Dolden entfernen
- Flüssigkeit mit dem restlichen Wasser, dem Zucker und den Zitronensaft aufkochen
- abkühlen, in Flaschen füllen, verkorken
- im Kühlschrank aufbewahren

Untersuchung der Dolde

Den Aufbau der Holunderblütendolde und der Einzelblüte untersuchen, wenn möglich mit der Lupe betrachten lassen.

Holunderpfeifen herstellen

- ein 5–7 cm langes Stück von einem frischen Holunderast absägen
- das Holundermark im Inneren mit Hilfe eines Handbohrers entfernen, 1 cm Mark im Inneren stehen lassen
- Mundstück schräg mit dem Taschenmesser schnitzen (Achtung! Messer so halten, dass die Schnitzrichtung vom Körper weg zeigt!)
- Muster in die Rinde schnitzen oder die Rinde vollständig entfernen und das Holunderstück mit Paketschnur oder mit verschiedenfarbigen Perlgarnen umwickeln, Enden festkleben

Blasrohre herstellen

- von einem Ast ein 15 cm langes Ende abschneiden
- das Mark im Inneren mit Hilfe eines Handbohrers entfernen, von beiden Seiten bohren
- wie Holunderpfeife verzieren
- mit frischen grünen Holunderbeeren auf Zielscheibe schießen

Holundergelee

Im Herbst wird die Holunderernte durchgeführt. Damit alle Kinder aktiv dabei sein können, ist es günstig, Kleingruppen zu bilden.

Holunderbeeren sammeln
Die Kinder bilden Dreiergruppen: Ein Kind hält den Ernteeimer, das zweite biegt den Zweig, das dritte Kind schneidet die Dolde ab. Pro Gruppe einen Eimer und eine Schere bereithalten. Die Kinder sollten die Beeren möglichst nicht anfassen, um ein Zerquetschen zu vermeiden. Da Holunder stark färbt, sollten die Kinder alte Kleidung tragen.

Weil nach der Ernte nicht alle Kinder gleichzeitig das Gelee herstellen können, bietet es sich an, die Kinder in mehrere Gruppen einzuteilen. In den Gruppen können folgende Aufgaben erledigt werden. (Die Vorschläge für die Gruppenarbeit können arbeitsteilig oder arbeitsgleich durchgeführt werden.)

1. Gruppe: Holunderdolde untersuchen
Den Aufbau der Holunderdolde untersuchen und zeichnen. Die Kinder lernen den Begriff Dolde aus eigener Anschauung kennen.

2. Gruppe: Holundergelee-Rezept gestalten
Das Rezept auf einem Extrablatt gestalten. Einen eigenen Namen für das Gelee erfinden und zum Verschenken mit zum Namen passenden Schmuckelementen und Zeichnungen der Holunderdolde verzieren.

3. Gruppe: Marmeladenglas gestalten
Das Etikett und einen Stoffbezug für den Deckel des Marmeladenglases gestalten: Über den Deckel des Glases einen mit der Zackenschere ausgeschnittenen Stoffrest binden, mit Kordel oder Schleife umwickeln. Etikett mit dem Namen des Inhaltes und dem Herstellungsdatum versehen.

4. Gruppe: Rezept auf Karteikarte schreiben
Das Rezept mit den einzelnen Arbeitsschritten auf eine Karteikarte schreiben und für die Klassenkartei oder die eigene Kartei nutzen.

5. Gruppe: Holundergelee herstellen
Für die Herstellung des Gelees benötigt man leere Marmeladengläser (kleinere Gläser sind günstig, damit jedes Kind eine Kostprobe mit nach Hause nehmen kann), eine Koch-

platte, ein großes Sieb, zwei große Kochtöpfe, Kartoffelstampfer, Messbecher, Rührlöffel, Suppenkelle zum Füllen der Gläser, Tasse, Zitronenpresse, Topflappen

Zutaten: 1 Zitrone oder 5 g Zitronensaft, 1 kg Gelierzucker, Holunderbeerendolden, die einen Kochtopf füllen

- Dolden im Wasser abspülen
- Kochtopf ganz mit Dolden füllen und 2 Tassen Wasser hinzufügen
- Auf dem Herd zum Kochen bringen und 1 min köcheln lassen
- Sieb über einen 2. Kochtopf hängen, gekochte Beeren und Flüssigkeit in das Sieb schütten
- Beeren mit einem Kartoffelstampfer oder einer Gabel zerdrücken
- 1 Liter Saft abmessen, mit 1 kg Gelierzucker und dem Saft einer Zitrone vermischen und unter ständigem Rühren zum Kochen bringen
- 1–5 Minuten kochen lassen
- Das Gelee in saubere Gläser füllen, Gläser gut verschließen, auf den Deckel stellen, damit sie luftdicht abschließen (ist das Gelee fest geworden, wieder umdrehen).

Weitere Anregungen und Materialien

Im Rahmen eines Projektes können auch andere heimische Sträucher wie z.B. Brombeere, Haselnuss, Schlehe und Hagebutte untersucht werden.
Die Kinder lernen Begriffe wie Doldenblüte, Rinde und Zweig kennen.

Rezept: Knusprige Hollerkücherl in Zimtzucker
Teigmenge für 10 Blütendolden:
- 200 g Mehl, 1 Prise Salz, 1/4 Liter Weißwein oder Milch (für Kinder)

Daraus wird ein zähflüssiger Pfannkuchenteig hergestellt. 2 Eigelb werden mit 2 Esslöffel Öl daruntergerührt. Die 2 Eiweiß werden steif geschlagen und untergehoben. Die gewaschenen Blütendolden werden sorgfältig getrocknet, in den Backteig getunkt und in heißem Sonnenblumenöl goldbraun gebacken. Das überschüssige Fett lässt man abtropfen und bestreut die noch heißen Kücherl mit Zimtzucker.

Sachinformation
Schwarzer Holunder

Er wird auch Holler genannt. Es ist ein hoher Strauch mit einer breiten Krone. Die Zweige sind grau und bilden im Alter Korkzellen. Die einjährigen Zweige sind kantig und mit weißem Mark gefüllt. Die lanzettlichen Blätter sind gefiedert und ihre Ränder sind gesägt. Von Juni bis in den August hinein sind die 10–20 cm breiten Dolden mit den vielen kleinen weißen Blüten gut zu sehen. Sie verströmen einen starken Duft. Die reifen Beeren sind schwarz, roh aber ungenießbar. Der Holunder ist in fast ganz Europa heimisch, hinauf bis zu einer Höhe von 1000 m. Seit Alters her ranken sich viele Mythen um ihn. Er wird als „Elfenbaum" verehrt, der Haus und Hof Segen bringen und vor bösen Geistern und Blitzschlag schützen soll. Deshalb findet man den Holunder häufig in der Nähe von Bauernhöfen. Noch heute ist der Holunder ein bekanntes Volksheilmittel. Seine Wirkstoffe in Wurzeln, Blättern, Blüten und Beeren sollen das Immunsystem stärken, das Blut reinigen, den Darm regulieren und vor allem Fieber senken und Erkältungskrankheiten vertreiben.

Vögel in der Hecke   Seite 42/43
Zur Arbeit mit den Seiten
Zur Arbeit mit der Seite 42

Hecken sind ein Paradies für Vögel. Exemplarisch wird hier die Amsel gewählt. Die Amsel ist Kindern dieser Altersstufe vertraut. Es sollen Überlegungen angestellt werden, wie die beiden Kinder das Nest finden konnten. Der Untertitel – Da rührt sich was – weist auf einen „regen Flugverkehr" hin. Anfangs müssen die Amseln das Nistmaterial und später die Nahrung für die Jungen herbeischleppen. Wenn beim Heckenbesuch im Frühling keine Amsel direkt beim Nestbau oder der Brutpflege zu beobachten war, lässt sich dies oft durch Beobachtungen auf dem Schulgrundstück, im Garten oder in Parkanlagen ersetzen. Die Fotos und die Texte helfen den Kindern sich darüber zu informieren, wie viel Zeit zwischen der Eiablage und dem Heranwachsen zum Jungvogel verstreicht. Immer wieder findet man verlassene Amselnester. Die Anregung, ein solches zu untersuchen, wirft folgende Fragen auf: Wo hast du das Nest gefunden? Welche Materialien hat die Amsel verwendet? Welches Material ist innen, welches außen? Welche Größe hat es? (Miss es mit deiner Hand oder einem Maßband!) Die Kinder könnten versuchen, ein solches Nest nachzubauen. Schnell würden sie merken, dass es ihnen, trotz der 10 Finger als Werkzeug, nicht möglich ist ein so kompaktes Wunderwerk herzustellen. Das Lernziel würde hier lauten: Natur – staunen, sehen und schätzen lernen.

Zur Arbeit mit der Seite 43

Die beiden Kinder auf der Zeichnung zeigen, wie man Vögel beobachtet: Es wird ein großer Abstand gewählt, um die Vögel nicht zu stören und zu vertreiben. Um aus dieser Distanz genau zu sehen, benötigt man ein Fernglas. Um Unterschiede beim Aussehen und Verhalten beschreiben zu können, müssen die Kinder auf bestimmte Merkmale achten: – Wie groß ist der Vogel? – Ist der Schwanz kurz oder lang? – Welche Farbe haben die Flügel? – Welche Färbung oder welches Muster hat die Bauchunterseite? – Wie sieht der Kopf aus? – Wie hört sich der Gesang an? – Welche Besonderheiten fallen noch auf (z.B.: beim Flug, beim Ansitz oder bei der Futtersuche)? Die abgebildete Beobachtungskarte hilft den Kindern beim Sortieren und Notieren ihrer Beobachtungen. Der Bücherwurm rät den Kindern, sich vor Ort auch bildhafte Aufzeichnungen zu machen. Die drei Fotos von typischen Heckenvögeln dienen als Information. Es sollte Anregung sein, in Vogelbüchern nachzuschlagen und noch mehr über diese Vögel herauszufinden. Zum Beispiel: wie viele Eier abgelegt werden, wie oft gebrütet wird, ob es sich um einen Zugvogel handelt, ob die Art gefährdet ist, ob Weibchen und Männchen dasselbe Aussehen haben oder ob er durch eine Tarnfarbe geschützt ist. Wer ist auf dem mittleren Foto abgebildet, das Weibchen oder das Männchen des Neuntöters? Was haben die drei abgebildeten Vögel an Gemeinsamkeiten?

Weitere Anregungen und Materialien

1. Wenn der Gesang der Amsel nicht draußen gehört werden konnte, sollten alle die flötenartigen Töne von einer CD oder Kassette hören (oder einzeln über Kopfhörer). Eine gefundene Amselfeder sollte genau mit der Lupe betrachtet werden. Wie das Fliegen durch den Auftrieb funktioniert, kann mit einem Papierstreifen ausprobiert werden.

2. Karteikarten zu den in der Region lebenden Heckenvögeln können abgelegt werden.

3. Lieder: Alle Vögel sind schon da
   Drunt in der greana Au
   Spiellied: Ein Vogel wollte Hochzeit machen

4. Eulen aus Papier herstellen:

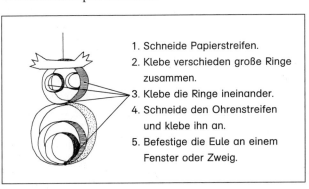

5. Vögel aus Papier basteln und mit dünnen Fäden an einem Ast im Zimmer aufhängen:

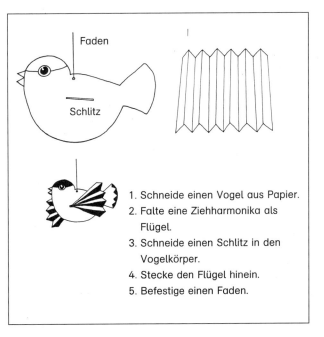

6. Gedichte:

Das Vogelnest

Stille,
ein Nest,
ein richtiges Vogelnest!

Und sieh:
drei hellgraue Eier darin
mit gelbbraunen Punkten.

Stille, ganz still!

Daß die Vogelmutter nicht bange wird,
die eben über die Hecke schwirrt!

Ach, gibt das ein Leben,
wenn die drei Jungen ihre Schnäbelchen heben
und zwitschern in den blauen Tag,
weil ihr klein Kehlchen nur zwitschern mag!
Albert Sergel

Das Kletterbüblein

Steigt ein Büblein auf den Baum,
ei, wie hoch, man sieht es kaum!
Schlüpft
von Ast zu Ästchen,
hüpft zum Vogelnestchen.
Ui!
da lacht es. –
Hui!
da kracht es. –
Plumps, da liegt es drunten!

Friedrich Güll

Über das Heulen von Eulen

Es sitzt die Eule in dem Turm
und heult so schaurig wie der Sturm.
Sie jammert laut: Huhuu! Huhuu!
Da hält man sich die Ohren zu
und schließt geschwinde alle Fenster
und sieht vor lauter Angst Gespenster.

Hast Du noch nie gedacht, mein Kind,
dass Eulen auch mal hungrig sind?
Die Eule nämlich in dem Turm
schreit nur nach einem Regenwurm.

Eva Rechlin

Sachinformation
Amsel
Die Amsel gehört zu den Drosseln und zu den Vögeln, deren Bestand in den letzten Jahren zunahm. Amseln passten sich dem Menschen an. Sie sind nicht mehr nur Waldbewohner, sondern fühlen sich auch in Gärten und Parkanlagen wohl. Das Männchen ist schwarz und hat einen gelben Schnabel. Es wird oft mit dem Star verwechselt. Das Weibchen ist braun. Hier besteht Ähnlichkeit mit der Grau- und Singdrossel. Amseln ernähren sich abwechslungsreich. Sie erbeuten Würmer am Boden, Larven und Raupen im Unterholz. Daneben verzehren sie Beeren und Früchte, auch Obst von Bäumen und Obstreste vom Komposthaufen. Sie hüpfen wippend auf dem Boden herum und halten Ausschau nach Futter. Die Würmer ziehen sie aus der Erde. Vogeltränken und Gartenteiche benutzen sie als Wasserzufuhr und als Badewannen. Die Nester werden selten mehr als zwei Meter über dem Boden gebaut. Sie bestehen aus Stängeln, Halmen und kleinen Wurzeln, die mit feuchter Erde verkittet werden. Auch Balkone, Schuppen und Dachbalken werden als Nistplätze genutzt. Ein Amselpaar zieht pro Jahr, von Mitte März bis Ende Juli, mindestens zwei Bruten mit etwa drei bis fünf Eiern auf. Die Eier sind bläulich- bis graugrün und rötlich gefleckt. Sie werden vorwiegend vom Weibchen etwa 13 Tage bebrütet. Die Amseleltern füttern die Jungen noch zwei Wochen im Nest und weitere zwei Wochen nach dem Verlassen des Nestes. Die Amsel ist ein Singvogel. Ihren melodiösen, flötenartigen Gesang kann man ab Februar regelmäßig vor Tagesanbruch hören.

Dorngrasmücke
Die Dorngrasmücke ist ein Zugvogel. Leider nimmt der Bestand sehr stark ab wegen der lange anhaltenden Dürre im Überwinterungsgebiet Sahelzone. Die Flügel sind rostbraun. Der Kopf ist grau und die Kehle weiß. Sie hat ungefähr die Größe eines Sperlings. Meistens singt sie von erhöhten Plätzen, wie Gebüschspitzen, aus. Sie bewohnt gerne Schlehen-, Rosen- und Brombeerhecken. Das Nest wird in niedrigem Gebüsch aus dürren Stängeln, Grashalmen und Tierwolle gebaut. Das Gelege besteht aus vier bis sechs grünlichweißen Eiern, die viele braune Punktflecken haben. Beide Partner brüten 12–13 Tage. Nach etwa 12 Tagen Nestfütterung fliegen die Jungen aus. Manchmal legt der Kuckuck ein Ei ins Nest.

Rotrückenwürger oder Neuntöter
Die Größe des Neuntöters liegt zwischen der von Sperling und Star. Er hat einen kräftigen Hakenschnabel und einen Wippschwanz. Das Weibchen hat einen hellgrauen Kopf mit einer schwarzen Augenbinde. Der Kopf des Männchens ist kastanienbraun. In dornigen Hecken und auch Obstgärten wird ein nicht allzu sorgfältiges Nest aus Halmen, Wurzeln und Moos gebaut. Das Weibchen brütet zwei Wochen lang vier bis sechs weißliche Eier mit rotbrauner Fleckung aus. Die Jungen werden von den beiden Eltern zwei Wochen im Nest und noch drei Wochen freifliegend gefüttert. Die Nahrung sind Beeren, Insekten, aber auch kleine Eidechsen und Mäuse. Der Neuntöter spießt seine Beute an Dornen auf, damit er sie zerkleinern kann. Manchmal spießt er mehrere Beutestücke auf und bewahrt sie für die Tage auf, an denen ihm das Jagdglück versagt bleibt. Er überwintert in Afrika. Leider ist er auch vom Aussterben bedroht und steht auf der ROTEN LISTE. Der Einsatz von Pestiziden führt dazu, dass die Zahl seiner Beutetiere abnimmt.

Singdrossel
Die Singdrossel ist kleiner als die Amsel. Kopf und Oberseite sind braun. Die Brust ist weißlich mit braunen Flecken. Wie auch die Amsel bewohnt sie neben Hecken auch Gärten und Parkanlagen. Das Nest wird aus einem Gemisch aus Holzmasse, Lehm und Speichel ausgeschmiert. Vier bis sechs grünblaue Eier werden in zwei Jahresbruten etwa zwei Wochen lang bebrütet. Das Elternpaar füttert die Jungvögel zwei Wochen im Nest und noch ebenso lange außerhalb. Die Singdrossel ist ein Teilzieher und überwintert im Mittelmeerraum. Sie ernährt sich von Beeren, Fallobst, Insekten und Schnecken. Auf einem flachen Stein, „Drosselschmiede" genannt, zerschlägt sie die Gehäuseschnecken.

Kopiervorlagen	31, 32
Freiarbeitsmaterial	Tierpuzzle
Lesebuch	Seite 137

## Tierspuren finden	Seite 44
Zur Arbeit mit der Seite
Diese Seite regt die Kinder zu genauer Detektivarbeit an. Der Bücherwurm zeigt schon zwei Möglichkeiten dieser Arbeit. Im Heckenbereich lassen sich viele verschiedene Tierspuren finden.
Ausrüstung für den Heckendetektiv:
Maßband, Notizblock, Stifte, Lupe, Pinzette, Folie, Folienstift, Taschenmesser, eventuell Fotoapparat, Sammelbox

Was weißt du über die Hecke?

Schreibe in Großbuchstaben. In den umrandeten Feldern kannst du das Lösungswort von oben nach unten lesen.

Aus welchen roten Früchten kann man Tee oder Marmelade machen?	H A G E B U T T E
Welches Tier hält Winterschlaf in der Hecke?	I G E L
Welche Blume blüht violett und duftet?	V E I L C H E N
Welche Farbe haben die Blütenblätter der Heckenrose?	R O S A
Welches Tier hinterlässt gefährliche Bandwurmeier?	F U C H S
Welches Tier spinnt ein Netz, um Beute zu fangen?	S P I N N E
Aus welchen Strauchzweigen lassen sich gut Pfeifen bauen?	H O L U N D E R
Welcher Vogel unternimmt seine Beuteflüge bei Dämmerung?	W A L D O H R E U L E
Was schützt den Igel vor Feinden?	S T A C H E L N
Welcher Vogel spießt seine Beute an Dornen auf?	N E U N T Ö T E R

Wenn du ein Heckendetektiv bist, findest du ...

TIERSPUREN

und alte, wasserdichte Kleidung, die keine auffälligen Farben hat (Tarnfarbe!), ein Bestimmungsbuch zu den Tierspuren.

Trittspuren und Fährten
Spuren sind besonders gut im Winter bei Neuschnee zu erkennen oder auf nassem Boden. Man kann sie mit Hilfe eines Bestimmungsbuches identifizieren. Wichtig ist, dass man die Fährte ein Stück verfolgt. Vorderfuß und Hinterbein hinterlassen oft unterschiedliche Abdrücke. Ein Maßband hilft beim Größenvergleich ähnlicher Spuren. Bei den Vögeln wird man von der Spur ablesen können, ob es sich um einen großen oder kleinen Vogel handelt. Eine Fährte weist mehrere Fußabdrücke auf und verrät, mit welcher Geschwindigkeit das Tier unterwegs war. Bei ähnlichen Spuren sollen die Kinder nach dem Beginn und dem Ende der Spur suchen. Vielleicht finden sie den Unterschlupf und können so auf das Tier schließen. Die einzelnen im Buch abgebildeten Abdrücke (z.B.: Hase, Vogel) könnten die Kinder vergrößert abzeichnen und als Fährte weiterführen.

Fraßspuren
Hier unterscheiden wir Fraßspuren von Fleisch- und Pflanzenfressern. Die Seite bietet den Vergleich von Fraßbildern an einer Heckenfrucht durch zwei Nager: die Haselmaus und das Eichhörnchen. Bei der Erkundung entdecken die Kinder sicher auch von Schmetterlingsraupen abgefressene Blätter. Die Frage lautet: Wer hat hier „gespeist"?

Andere Spuren
Hierzu zählen Fellreste oder Haare, die an Dornen von Heckensträuchern hängen bleiben, Federn von Vögeln und Losungen von Tieren. Der Kot des Igels ist leicht zu erkennen und Kindern aus den Hausgärten schon bekannt. Vogelnester dürfen nur im Herbst gesammelt werden, wenn die Aufzucht der Jungvögel abgeschlossen ist. Das Gewölle von Eulen, die ihre Beutetiere ganz verschlingen, könnte mit der Pinzette in Einzelteile aufgeschlüsselt werden.

„Fundbüro"
Alle Spuren, die bei der Erkundung gesammelt und mitgenommen werden konnten, werden in einem Schaukasten, vielleicht einem Setzkasten, geordnet, beschriftet und für andere sichtbar ausgestellt.

„Eingeschmuggelt"
Die Lehrkraft oder auch Kinder können bei der Erkundung falsche Spuren legen. Die Jagd auf eingeschmuggelte Spuren beginnt. Beispiele: Kann in einer Hecke, in der keine Fichte steht, ein abgenagter Fichtenzapfen liegen? Oder eine angenagte Walnuss oder ein angenagter Apfel? Dies regt die Kinder zu genauer Beobachtung an.

Kopiervorlage 33
Sprachbuch Seite 80, 81

Ein Tier in der Hecke – Der Igel Seite 45
Zur Arbeit mit der Seite
Durchführung eines Projekts am Beispiel des Igels
Kinder beschäftigen sich gern mit dem Leben von Tieren. Sie haben dabei viele Fragen und gehen die unterschiedlichsten Wege, um sich mit diesen auseinander zu setzen. In einem Projekt können viele der Fragen und Ideen der Kinder bearbeitet werden. Am Beispiel eines der beliebtesten Tiere, dem Igel, werden auf den Seiten 45 bis 47 Angebote für die Durchführung eines Igelprojektes unterbreitet.

Projektinitiative
Nach einer Projektinitiative, die in der Regel von der Lehrerin/dem Lehrer ausgeht, beginnt in einem Kreisgespräch der Gedankenaustausch über das Projektthema. Die Lehrerin/der Lehrer könnte eine kleine Geschichte über das Leben des Igels vorlesen oder Bilder von Igeln zum Anschauen im Kreis herumgeben. (Unsere Informationen für Lehrerinnen und Lehrer zum fachlichen Hintergrund sind deshalb auch ausführlicher als bei anderen Tieren recherchiert und verfasst, weil evtl. keine Igelstation in der Nähe ist, die dieses Wissen vermittelt.) Die Kinder werden sehr schnell ihre Erfahrungen, die sie selbst mit Igeln gesammelt haben, oder ihr Wissen über das Leben der Igel in die Gesprächsrunde einbringen. Mit der dargestellten Gesprächsrunde auf Seite 45 soll ein solches Gespräch initiiert werden.

Im Anschluss daran sollte sich eine Phase des Sammelns von Gedanken anschließen. Auf einem großen Papierbogen können alle Ideen zum Thema Igel aufgeschrieben werden.

Brainstorming und Projektskizze
In der Mitte des Sitzkreises oder an der Tafel befindet sich ein großer Bogen Papier. In der Mitte des Bogens steht das Projektthema. Entweder schreiben die Kinder ihre Ideen nun ringsum auf das Papier oder die Lehrerin/der Lehrer schreibt alle von den Kindern geäußerten Gedanken unkommentiert auf.

Die Kinder können ihre Ideen auch auf kleinere Blätter schreiben und malen, die auf den Bogen gelegt werden und dann frei verschiebbar sind. So können in einem zweiten Schritt ähnliche oder zusammengehörende Ideen zusammengelegt und aufgeklebt werden.

Alle, auch die nicht zu realisierenden Gedanken, sollten erst einmal gesammelt werden. Das Visualisieren aller Äußerungen ist wichtig, da sich daraus neue Gedankengänge entwickeln können und damit ein freies Assoziieren zum Thema möglich wird, an dem sich alle beteiligen können.

Projektplanung
Im Anschluss an diese Phase werden die geäußerten Gedanken geordnet. Dabei wird darüber beraten, welche Ideen in der vorgesehenen Zeit und unter den konkreten Bedingungen realisiert werden können. In dieser Phase des Projektes erfolgt eine erste Gruppenbildung.

Gruppenbildung

Gibt es nicht zwingende pädagogische Gründe gegen eine freie Gruppenbildung, sollte diese von den Kindern in eigener Regie erfolgen. Die auf Seite 45 unten angebotene Methode hat sich auch sonst bei Gruppenbildungsprozessen bewährt.

Haben sich die Gruppen gefunden, beginnt die Diskussion über die Durchführung des Projektes. Es wird darüber beraten, was zur Durchführung benötigt wird und wer sich dafür verantwortlich fühlt, welche Ergebnisse angestrebt werden und wie diese den anderen Kindern vorgestellt werden sollen.

Diese Diskussion kann sowohl in der Kleingruppe als auch unter Beteiligung aller mit der gesamten Klasse geführt werden. Am Ende sollten jedoch konkrete Aufträge für jedes Kind oder jede Gruppe formuliert werden.

Aufbau einer Igelausstellung

Zur Vorbereitung und flankierend zur Gestaltung des Projektes sollten die Kinder aufgefordert werden, interessante Dinge (Bücher, Filme, Figuren, Geschichten, u.a.) über den Igel in einer Ausstellung in der Klasse zu sammeln. In dieser Ausstellung können dann auch die Ergebnisse des Projektes präsentiert werden.

Sachinformation
Idealtypischer Aufbau eines Projektes

1918 beschrieb W. H. Kilpatrick – ein Schüler von J. Dewey – Projektunterricht wie folgt: „Projektunterricht ist planvolles Handeln von ganzem Herzen, das in einer sozialen Umwelt stattfindet." (Kilpatrick, 1935, Seite 163)

Damit hat er treffend deutlich gemacht, was mit der Gestaltung eines Projektes in der Schule, im Unterricht alles ausgelöst werden kann und welche pädagogischen Potenziale der Projektunterricht besitzt.

Er ermöglicht zum einen den Kindern in einem hohen Maße selbst die Verantwortung für eine Aufgabe zu übernehmen und befreit die Lehrerin/den Lehrer von der Aufgabe als „Kontrolleur" tätig zu sein, da nicht sie/er es war, die/der die Aufgabe formulierte, sondern die Kinder selbst. Die Kinder haben sich gegenüber der Gemeinschaft zu verantworten und nicht – wie so oft falsch verstanden – gegenüber der Lehrerin/dem Lehrer. Die Kinder haben großen Einfluss auf die inhaltliche Themenfindung und auf die Art und Weise der Bearbeitung. Ihren Interessen und ihren individuell unterschiedlichen Fähigkeiten kann weitestgehend entsprochen werden. Die Lehrerin/der Lehrer kann sich in den Phasen der Durchführung des Projektes intensiv als Begleiter/in, Ratgeber/in, selbst als Lernende/Lernender erproben und Erfahrungen in einer anderen Form schulischer Interaktion sammeln. Die zeitliche Begrenzung des Projektes ermöglicht es allen Beteiligten, nach Abschluss wieder zu den gewohnten Unterrichtsformen zurückzukehren oder gesammelte positive Erfahrungen in die tägliche Arbeit zu übernehmen.

Folgender idealtypischer Verlauf wird für die Durchführung von Projekten vorgeschlagen:

1. **Projektinitiative:** Anlass für die Durchführung eines Projektes vorstellen
2. **Erstellung einer Projektskizze:** Sammeln von Ideen, Brainstorming
3. **Projektplanung:** Eingrenzung der Ideen auf das Machbare, Gruppenbildung und Verteilung der Verantwortlichkeiten
4. **Projektdurchführung:** Arbeit in den Gruppen, je nach Dauer des Projektes mehrere Besprechungen in der Gesamtgruppe, Bericht über Stand der Arbeit (Fixpunkt) oder Klärung von aufgetretenen Spannungen und Problemen (Metainteraktion)
5. **Präsentation der Ergebnisse:** Erstellung kleiner Projektmappen, Durchführung einer Abschlussfeier, Plakate, u.a.

Freiarbeitsmaterial Tierpuzzle

Lesebuch Seite 144, 145

Wissenswertes über Igel erfahren Seite 46
Zur Arbeit mit der Seite

Die Seite 46 ist als eine Lexikonseite aufgebaut. Hier können die Kinder erste Informationen über das Leben eines Igels finden. Ähnlich wie auch auf der Seite 44 sollen die Kinder aufgefordert werden, mit diesen und weiteren Informationen über Igel selbst eine Karteikarte für die Tierkartei herzustellen.

Der Bücherwurm weist darauf hin, dass es noch weitere Möglichkeiten (Bücher, Besuch einer Igelstation) gibt, interessante Informationen über das Leben der Igel zu erhalten.

Sachinformation

Igel sind in Deutschland und den meisten europäischen Ländern ganzjährig geschützte Tiere. Sie gehören erdgeschichtlich zu den ältesten noch existierenden Säugetierformen. Vor rund 60 Millionen Jahren lebten sie schon auf der Erde. Die nächsten in Europa lebenden Verwandten des Igels sind der Maulwurf und die Spitzmaus.

In Europa leben drei verschiedene Igelarten:
– der Braunbrustigel in Westeuropa, England und Deutschland,
– der Weißbrustigel zum Beispiel in Ungarn und Tschechien und
– der Wanderigel der Mittelmeerküsten in Spanien und Nordafrika.

Lebensräume

Igel leben in Deutschland heute hauptsächlich im durchgrünten Siedlungsbereich von Städten und Gemeinden. Sie bevorzugen Gärten oder Parks, in denen ihnen Hecken,

Büsche, Bodendecker, Laub und Reisighaufen genügend Schutz und Nahrung bieten. Die Größe des Lebensraumes der Igel hängt hauptsächlich vom Nahrungsangebot ab. Im ländlichen Raum durchstreift ein männlicher Igel bis zu 40 ha, das Weibchen etwa 20 bis 30 ha. Ein Igelmännchen kann in einer Nacht mehrere Kilometer zurücklegen. In Parkanlagen von Städten ist der Lebensraum jedoch wesentlich eingeschränkt.

Feinde
Der größte Feind des Igels ist der Mensch. Etwa 500 000 Igel werden jährlich allein im Straßenverkehr getötet. Aufgrund ihres starren Instinktverhaltens rollen sie sich beim Herannahen eines Fahrzeuges zusammen, anstatt vor der Gefahr zu fliehen.
Baugruben, Kabelschächte, Kellereingänge, Lichtschächte, befestigte Gartenteiche und Schwimmbecken werden oft zu lebensgefährlichen Fallen für Igel, da sie ohne fremde Hilfe nicht herauskommen. Brauchtumsfeuer oder das Verbrennen von Gartenabfällen, das Mähen unter Buschwerk oder das Aufstellen von Schlagfallen und das Legen von Giftködern zur Ratten- und Mäusebekämpfung stellen tödliche Gefahren für Igel dar.
Natürliche Feinde des Igels sind der Uhu, der Fuchs, der Dachs, der Marder und der Hund. Katzen sind nur eine Gefahr für kleine Igel.

Nahrung
Igel suchen ihre Nahrung nachts. Ihr Nahrungsspektrum umfasst: Insekten und deren Larven, Käfer, Regenwürmer, Schnecken, Spinnen, Aas, Tausendfüßler, Ohrwürmer, nestjunge Mäuse, weiches und süßes Obst. Nur selten fressen Igel Frösche, Eidechsen und Schlangen.

Stacheln
Bereits junge Igel haben bei der Geburt etwa 100 Stacheln. Diese sind in der aufgequollenen Rückenhaut eingebettet. Verlassen junge Igel gemeinsam mit ihrer Mutter das erste Mal ihr Nest, ist ihr Rücken mit etwa 3000 Stacheln besetzt. Ein ausgewachsener Igel hat etwa 6000 bis 8000 Stacheln. Die Stacheln stecken beweglich in der Rückenhaut des Igels. Bei Gefahr zieht sich die Muskelkappe (Ringmuskel) des Rückens zusammen und stülpt sich schützend über Rumpf und Kopf.

Größe und Gewicht
Ausgewachsene Igel haben eine Körperlänge von 24 bis 28 cm. Ihr Gewicht liegt zwischen 800 und 1500 Gramm. Männchen sind im Allgemeinen schwerer als Weibchen.

Lautäußerungen
Igel fauchen, puffen oder tuckern bei Gefahr und schmatzen beim Fressen. Beim Paarungsvorspiel geben sie schnaufende Geräusche von sich. Igeljunge rufen ihre Mutter mit zwitschernden Tönen.

Sinne
Igel verfügen über einen sehr guten Geruchs- und Gehörsinn. Sie hören weit im Ultraschallbereich. Gut entwickelt ist auch ihr Tastsinn. Ihr Sehvermögen ist dagegen nur mäßig ausgebildet.

Fortpflanzung
Je nach Klima liegt die Paarungszeit zwischen Mai und Ende August. Nach etwa 35 Tagen kommen meist nur ein Mal im Jahr im Durchschnitt vier bis sieben blinde und taube Igel mit einem Gewicht von 15–20 Gramm zur Welt. Diese werden etwa sechs Wochen von der Mutter tagsüber gesäugt.
Nach drei bis vier Wochen verlassen die Jungen erstmals das Nest. Auf ihren Ausflügen beginnen sie schon feste Nahrung aufzunehmen. Die Mutter nimmt sie nicht zur Nahrungssuche mit. Die Männchen kümmern sich nicht um die Aufzucht der Jungen.

Winterschlaf
Igel schlafen in der nahrungsarmen Zeit des Jahres etwa 5 Monate. Sie reduzieren dabei ihre Körperfunktionen auf ein Minimum und leben von ihren im Herbst angefressenen Fettpolstern. Während des Winterschlafes sinkt die Körpertemperatur des Igels von etwa 36 °C auf 5 °C ab. Das Herz schlägt nur noch 8 bis 9 mal pro Minute (im Wachzustand etwa 180 mal). Der Igel atmet nur 3–4 mal in der Minute (im Wachzustand 40–50 mal). Während des Winterschlafes verliert der Igel etwa 20–30 % seines Körpergewichtes.

Kopiervorlagen 34, 35

Ideen für ein Igelfest Seite 47
Zur Arbeit mit der Seite
Auf der Seite 47 kann man mit den Kindern den Abschluss des Igelprojekts als ein Beispiel für den Abschluss eines Projektes besprechen. Auch andere Projekte können auf ähnliche Weise enden. Die Form der Präsentation ist als ein Fest gestaltet, bei dem alle vier Gruppen auf unterschiedliche Art und Weise ihre Arbeitsergebnisse vorstellen.
Zum Fest können z.B. die Familien der Kinder oder eine Parallelklasse eingeladen werden. Eine Einbindung in ein Schulfest, bei der der Klassenraum zum „Igelzimmer" wird, ist ebenfalls denkbar. Wenn das alles nicht möglich ist, stellen sich die Gruppen ihre Arbeitsergebnisse untereinander vor.
Zu Beginn des Festes kann ein Kind über das Projekt berichten (Entstehung, Ideen, Durchführung). Auf Seite 45 wurde beschrieben, welche Gruppen gebildet wurden, und auf Seite 47 sieht man einige Arbeitsergebnisse. Die Kinder können schlussfolgern, wie sie zustande gekommen sein könnten. Die Kopiervorlage 36 und die Arbeitsanweisung aus Seite 69 helfen den Kindern bei den eigenen Vorhaben.

Bei Projekten ist sehr wichtig, sowohl während des Arbeitsprozesses als auch am Ende der Gruppenarbeit nicht nur die Ergebnisse, sondern auch den Weg der Entstehung zu besprechen.

Die dabei auftretenden Probleme und Erfahrungen sollen von den Kindern geschildert werden (z.B. soziale Probleme, wer spielt welche Rolle, was muss bei den Rezepten besonders beachtet werden, welches Buch ist empfehlenswert, wie kann ich mir das Basteln erleichtern?). Dann können bei künftigen Projekten die neuen Einsichten und Erfahrungen umgesetzt werden.

Die Produkte werden von den Kindern auch häufig anders gewertet, wenn die Mühen der Entstehung bekannt sind. Schwierigkeiten bei der eigenen Gruppenarbeit werden eher akzeptiert, wenn man von den Kindern der anderen Gruppen hört, dass auch ihre Arbeit nicht immer problemlos verlief.

Möglicher Programmablauf des Igelfestes

Gruppe 1:
Vorlesen von Texten oder Textausschnitten aus den Igelbüchern. Die selbst gefertigten Igelbücher, sowie alle anderen Bücher zum Projektthema sollten in der Lese-Ecke oder auf einem Büchertisch für alle Kinder länger zum genauen Betrachten bereitliegen.

Gruppe 2:
Die Kinder der Gruppe 2 eröffneten am Ende des Programms feierlich das Büfett mit ihren selbst gebackenen Teigigeln.

Gruppe 3:
Die Kinder stellen Kiefernzapfen-Igel als Tischschmuck her (Kopiervorlage 36, Anleitung Seite 69).

Gruppe 4:
Die Kinder der Gruppe stellen die selbst gebauten Igelspiele vor (Freiarbeitsmaterial).
An mehreren Tischen können anschließend jeweils vier Personen das Igelspiel spielen. An jedem Spieltisch kann ein Kind der Gruppe bereitstehen, um die Spielregeln zu erklären.

Anfertigung des Igelbuches:
Die Igelbücher können folgenden Inhalt haben:
– Wissenswertes über Igel (Informationen)
– aus Büchern kopierte oder abgeschriebene Texte
– selbst ausgedachte Geschichten
– Fotos, Bilder, Zeichnungen

Das Igelbuch kann mit Klammern zusammengeheftet oder gelocht und mit einer Kordel zusammengebunden werden. Mit Hilfe der ausgeschnittenen Schablone aus der Kopiervorlage 36 können beliebig viele Seiten für das Igelbuch hergestellt werden.

Igelspiele:
Die Schüler können sich auch selbst Igelspiele ausdenken. Sie können z.B. Karten zu einer langen Schlange legen (Domino). Auf jeder Karte steht jeweils eine Frage und eine Antwort. Der erste Teil der Anfangskarte und der letzte Teil der Abschlusskarte bleiben ohne Text und werden mit einem Igelsymbol versehen.

Teigigel:
Nach dem Rezept im Schülerbuch können Teigigel gebacken werden. Bei den Hefeteigigeln (Rezept befindet sich im Buch auf Seite 47) kann man die Stacheln mit Hilfe der Finger durch Herausziehen aus dem Teig formen. Die Braunfärbung der Igel erreicht man durch das Hinzusetzen von Kakaopulver zum Teig.

Wenn es in der Schule keine Backgelegenheit gibt und das Backen bei Eltern den zeitlichen Rahmen sprengt, können folgende Rezepte ausprobiert werden:
– Birnenigel: Birne halbieren, Kerngehäuse entfernen und Mandelstifte als Stacheln in die Birne stecken. Zwei Nelken als Augen einsetzen. (Achtung: Nelken sind nicht essbar! Auch mit Schokoladensoße serviert!)
– Ein Käse-Gurkenigel kann ebenfalls das Büfett bereichern.
– Als Getränk eignet sich ein Vitamingetränk. Zur Verzierung der Strohhalme kann eine Igelfigur aufgesteckt werden.

Die Rezepte können von den Schülern aufgeschrieben und gestaltet werden. Sie kommen in die Kartei. Besonders gelungene Rezepte können fotokopiert, anschließend ausgemalt und für die Gäste zum Mitnehmen bereit gelegt werden.

Das Igelspiel (Freiarbeitsmaterial)
Das Igelspiel ist gut dafür geeignet, in Phasen der Freiarbeit/Gruppenarbeit zur Wiederholung und Festigung der Kenntnisse über Igel eingesetzt zu werden. Aktions- und Ereigniskarten tragen zur Systematisierung des Wissens bei. Speziell die Aktionskarten fordern die Kinder dazu auf nicht nur in verbaler Form zu kommunizieren, sondern sich im darstellenden Spiel, im Sensibilisierungsspiel und in Schätz- bzw. Zuordnungsübungen zu erproben und zu erleben.

Zubehör:
Spielplan, 12 Ereignis- und 12 Aktionskärtchen aus dem Freiarbeitsmaterial, 4 kleine Igelfiguren aus Knete geformt, in denen ein Holzstäbchen zum Führen der Spielfiguren steckt, ca. 40 kleine Holzstäbchen (halbierte Streichhölzer ohne Streichköpfchen) oder Zahnstocher und 1 Würfel

Aufbau des Spielplanes:
Aus dem Winterschlaf erwacht, sollen die 4 Igel auf den Igelspuren durchs Jahr wandern, verschiedene Situationen erleben und am Ende ihres Weges gestärkt für den Winter-

schlaf wieder in einem Laubhaufen ihre Winterbehausung aufsuchen.

Bedeutung der Spielfelder:

Grüner Fuß: Kommt ein Mitspieler mit seiner Spielfigur auf ein grünes Feld, zieht er eine Ereigniskarte (grüne Igelspuren auf der Rückseite). Je nachdem, wie sich das Ereignis für den Igel auswirkt, müssen entsprechend der angegebenen Zahl (–1, +1, +2) in den Kneteigel entweder Stacheln eingesteckt oder aus dem Igel gezogen werden.

Blauer Fuß: Kommt ein Mitspieler mit seiner Spielfigur auf ein blaues Feld, zieht er eine Aktionskarte (blaue Igelspuren auf der Rückseite). Erfüllt er die auf der Karte geschriebene Aufforderung, darf er jeweils 1 Stachel in den Igel stecken. Erfüllt er die Aufforderung nicht, darf er keinen Stachel in den Igel stecken.

Gelber Fuß: Die gelben Füße sind den jeweils abgebildeten Situationen (Igel erwacht aus Winterschlaf (+1), Igel hat Fressen gefunden (+1), Igel hat Igelin gefunden (+2), kleine Igel sind geboren worden (+2) zugeordnet. Setzt ein Mitspieler seine Spielfigur auf ein gelbes Feld, so kann er entsprechend der angegebenen Zahl 1 oder 2 Stacheln zusätzlich in seinen Spieligel stecken.

Roter Fuß: Über diesen Fuß dürfen nur solche Igel, die schwer genug sind, um den Winter zu überstehen. Wenn der Spieligel nicht mindestens 5 Stacheln (ohne Führungshölzchen) hat, muss er zurück auf den lila Fuß gesetzt werden und hat nun die Möglichkeit, weitere Stacheln zu sammeln.

Spielvorbereitung:

Bevor das Spiel beginnen kann, muss sich jeder Spieler aus Knete einen kleinen Igel modellieren. Ein längeres Hölzchen im Rücken des Igels dient zur besseren Führung der Spielfigur.
Weiterhin müssen ca. 40 kleine Holzstäbchen (Stacheln) bereitgelegt werden. Halbierte Streichhölzer ohne Streichköpfchen sind dafür gut geeignet.

Spielregel:

Der Spieler, der die höchste Zahl gewürfelt hat, beginnt. Um die gewürfelte Augenzahl rückt er seinen Spieligel vor und zieht die entsprechende Karte. Nachdem diese verlesen, die Aufforderung erfüllt und die entsprechende Anzahl von Stacheln gesteckt oder entfernt wurden, würfelt der nächste Spieler.
Gewonnen hat nicht der Igel, der am schnellsten durch das Jahr in seine Winterbehausung gelangt, sondern der, der die meisten Stacheln gesammelt hat. Er ist am besten für den langen Winterschlaf vorbereitet.

Weitere Anregungen und Materialien

Stilleübung „Wäscheklammerigel"
Diese Stilleübung kann z.B. zur Entspannung nach der Gruppenarbeit eingesetzt werden um die Konzentration auf die nachfolgende Besprechung der Arbeit zu erhöhen. Bei dieser Stilleübung befestigen die Kinder bei leiser Musik die Wäscheklammern an der Kleidung des vor ihnen auf einer Decke auf dem Bauch liegenden Klassenkameraden. Das liegende Kind nimmt die unterschiedlichen Berührungen an seinem Körper wahr und kann sich entspannen. Ohne eine direkte Berührung des Körpers wird hier ein intensiver Kontakt zwischen den Klassenkameraden aufgenommen.
Der vorsichtige und rücksichtsvolle Umgang im Miteinander wird geschult.

Puppenspiel: Wettlauf zwischen Hase und Igel
Die Geschichte vom Wettlauf zwischen dem Hasen und dem Igel kann als Stabpuppentheater, mit Handpuppen oder als Schattentheater aufgeführt werden.

Als Stabpuppentheater:
Pappe doppelt falten, Figuren aufzeichnen, ausschneiden, Bambusstab zur Führung der Figuren ausschneiden, dazwischen stecken und zukleben. Kulisse: Zwischen zwei Kartenständern Schnur oder Holzlatte (tragfähig) in Kopfhöhe spannen, mit Decken, Laken oder Krepppapierbahnen abhängen.
Hintergrundkulissen für die verschiedenen Szenen an die Wand hängen oder an einem Kartenständer befestigen.

Als Schattentheater:
Figuren wie beim Stabtheater anfertigen. Zwischen zwei Kartenständern ein Laken spannen. Die Figuren werden zwischen dem Laken und einer starken Lichtquelle geführt. Nahe am Laken werden die Umrisse besonders scharf. Die Größe der Figuren nimmt zu, je weiter man sich der Lichtquelle nähert.

Kopiervorlage 36

Freiarbeitsmaterial Igelspiel, Schablone Zapfenigel

Warm oder kalt — Seite 48

Zur Arbeit mit der Seite

In Vorbereitung auf die Behandlung des Themas Thermometer/Temperatur sollen die Kinder auf den Seiten 48 und 49 das Messgerät für die Temperatur, das Thermometer, näher kennen lernen und sich im richtigen Gebrauch dieses Messgerätes sowie im Ablesen der Temperatur üben.
Ausgehend von einem Gespräch über die abgebildeten Situationen soll den Kindern bewusst werden, dass sie im täglichen Leben oft über das individuelle Empfinden Wertungen zur Temperatur abgeben. Diese individuellen Empfindungen sind jedoch nicht bei allen Menschen gleich.

Mit dem abgebildeten Versuch auf der Seite 48 lässt sich dies relativ einfach und überzeugend nachweisen. Oft sagen Kinder, dass das Wasser in der mittleren Schüssel lauwarm sei. Aus diesem Grunde sollten die Kinder, die den Versuch durchführen, aufgefordert werden, nur kalt oder warm zu sagen. Die beeindruckende Wirkung des Versuches bleibt damit erhalten.

Nach dem Versuch ist eine gute Überleitung zum Thermometer möglich. Die Kinder haben erlebt, dass es nicht ausreicht, Empfindungen über die Temperatur anzugeben, da diese keine objektive vergleichbare Größe darstellen. Es ist notwendig ein Messgerät zu benutzen, das die tatsächliche Temperatur objektiv anzeigt. Dieses Messgerät heißt Thermometer.

Seite 49 Thermometer werden gebraucht
Zur Arbeit mit der Seite
Thermometer werden gebraucht
Jedes Kind hat bereits Thermometer gesehen. Es weiß, dass man mit Hilfe dieser Messgeräte Temperatur bestimmen kann. Mit der Aussage, dass es wichtig ist die Temperatur genau zu messen und der sich daran anknüpfenden Frage: „Was meinst du warum?", werden die Kinder aufgefordert, ihr Wissen und ihre Erfahrungen im Umgang mit Thermometern einzubringen.
Die Zuordnungsübungen weisen auf Nutzungsmöglichkeiten hin.

Auf der Kopiervorlage 37 können die Kinder ihr Wissen zum Thermometer anwenden und wiederholen. Nachdem sie auf Vorschlag des Bücherwurms hin ein eigenes Thermometer gebaut haben, können sie damit in Partnerarbeit weitere Ableseübungen durchführen.
Es empfiehlt sich auch, ein Thermometer im Klassenzimmer aufzuhängen und eine gewisse Zeit, mindestens eine Woche jeden Morgen zur gleichen Zeit die Temperatur abzulesen und dann in ein Diagramm einzutragen.

Herstellung eines Thermometers aus Pappe
In einem etwa 12 cm langen und 2,5 cm breiten Pappstreifen ca. 0,5 cm vom oberen und unteren Rand entfernt ein kleines Loch stoßen. Mit dem Lineal von der Mitte des Streifens aus jeweils 5 cm nach oben und unten die Skala aufzeichnen. Die Skala kann in Millimeterschritte eingeteilt werden und jeweils von 0 °C bis +50 °C bzw. von 0 °C bis –50 °C reichen. Oben auf dem Thermometer muss die Maßeinheit °C (Grad Celsius) stehen. Nach der Beschriftung des Pappstreifens wird ein heller Wollfaden durch die Löcher gezogen und hinten straff verknotet. Den Faden so ziehen, dass sich der Knoten am oberen Loch befindet. Dann auf der Rückseite des Thermometers mit einem Filzstift den Faden rot oder blau färben.

Kopiervorlage 37

Thermometer bauen Seite 50
Zur Arbeit mit der Seite
Mit Hilfe eines kleinen Fläschchens, Plastilin und eines dünnen Trinkröhrchens kann ein eigenes Thermometer gebaut werden, mit dem eindrucksvoll verdeutlicht werden kann, nach welchem Prinzip ein Thermometer funktioniert. Gefärbtes Wasser (mit Lebensmittelfarbe oder Tinte) wird in das Fläschchen gegossen. Danach wird dieses mit Plastilin, in dem das Trinkröhrchen steckt, verschlossen. Bei Erwärmung des Wassers steigt die Wassersäule im Trinkröhrchen (die Differenz von Kühlschranktemperatur und Handwärme reicht aus). Mit der Erwärmung über einer Kerze und Abkühlung im kalten Wasserbad, wie in der Versuchsanordnung im Buch beschrieben, steigt und fällt die Temperatur natürlich schneller.
Mit Hilfe eines geeichten Thermometers kann sogar das selbst hergestellte Thermometer geeicht werden, indem bei unterschiedlichen Temperaturen jeweils der Stand der Wassersäule am Trinkröhrchen mit einem wasserfesten Faserstift markiert wird.

Sachinformation
Vor 250 Jahren führte der schwedische Astronom Anders Celsius (1701–1744), die hundertteilige Thermometerskala ein. Bei seiner Einteilung orientierte er sich an der Veränderung des Aggregatzustandes des Elementes Wasser (0 °C Übergang von flüssig in fest oder umgekehrt, bei 100 °C siedet Wasser in Meeresspiegelhöhe).
Die meisten handelsüblichen Thermometer sind mit Alkohol oder Quecksilber gefüllt. Quecksilberthermometer sollten in der Schule nicht verwendet werden, da bei einer Zerstörung des Thermometers Quecksilber freigesetzt wird. Die Dämpfe von Quecksilber sind giftig.

Temperatur kann Stoffe verändern Seite 51
Zur Arbeit mit der Seite
Die Bilder im oberen Teil der Seite dienen als Erzählanlass. Die Kinder könnten zunächst beschreiben, wie die Situation ist und wie sie wahrscheinlich vorher war. Sie erkennen, dass Eis schmilzt und gefriert (Speiseeis, Bücherwurm im Eis). Milch kocht über (Flüssigkeiten dehnen sich bei Erwärmung aus), Kerzenwachs schmilzt, Schnee ebenso, der Blumentopf ist zerbrochen, weil Wasser sich beim Gefrieren ausdehnt, Kohle wird durch Verbrennung zu Asche. In dieser Phase sollten die Beobachtungen und Erklärungen der Kinder für diese Phänomene gesammelt werden.
Danach können die Kinder eines der Beispiele selbst erproben: am Beispiel des Kerzenwachses sie die Veränderungen durch Erwärmung und das Schmelzen und wieder Erkalten von Kerzenwachs. Es sollte anschließend zusammengestellt werden, welchen Einfluss Temperatur auf Stoffe haben kann: z.B.: schmelzen, verflüssigen, erstarren (erkalten), gefrieren. In dieser Phase sollten auch die Begriffe, die die Kinder selbst für diese Vorgänge benutzen, mit aufge-

schrieben werden. Auf Seite 54 werden am Beispiel des Wassers die fachlich richtigen Begriffe eingeführt und vertieft.

Im unteren Teil der Seite wird auf die Gefahren von Verbrennungen und Erfrierungen hingewiesen. Auch hier können die Kinder zunächst von ihren eigenen Erfahrungen berichten. Der Bücherwurm gibt ihnen den Auftrag, sich nach den richtigen Verhaltensmaßnahmen zu erkundigen. Gemeinsam sollten Regeln für den Umgang mit Hitze- und Kälteschäden erarbeitet werden:

Was mache ich bei Verbrennungen / Verbrühungen?
Sofort mit Wasser kühlen, keine anderen Stoffe (Mehl, Salbe o. Ä.) auftragen!
Was mache ich bei Erfrierungen?
Mit Schnee einreiben, langsam aufwärmen.

Lesebuch   Seite 180, 181

Seite 52/53   Mit Wasser spielen
Zur Arbeit mit den Seiten
Mit Wasser spielen
1. Erfahrungen mit Wasser reflektieren

Mit den Bildern im oberen Teil der Seite werden die Kinder angeregt, von ihren eigenen Erfahrungen mit Wasser zu berichten. Hierbei stehen die spielerischen Erfahrungen mit Wasser im Mittelpunkt. Die Kinder könnten ihre Erfahrungen verschriften, mit kleinen Zeichnungen illustrieren und zu Plakaten oder kleinen Büchern zusammenstellen.

2. Wasserspiele

Im mittleren Teil der Seite werden weitere Anregungen zum spielerischen Umgang mit Wasser gegeben. Sie können im gemeinsamen Unterricht durchgeführt werden, eignen sich aber auch als Angebote für die Freie Arbeit oder im Rahmen der Wochenplanarbeit. Weitere Experimente finden sich in Sachkundekarteien und vielen Veröffentlichungen zum Thema Wasser.

3. „Die Seerose"

Die Seerose zum Verschenken stellt ein Angebot dar, das die Kinder zum Staunen bringen soll. Sie ist schnell nachgebaut und ist ein nettes kleines Geschenk, ausgemalt und mit einem Spruch versehen (Kopiervorlage 38 – Kopie auf Zeichenpapier).
Mit dem Eindringen des Wassers in das Papier dehnt sich dieses aus und die gefalteten Blätter richten sich auf.
Die Seerose kann nach dem Trocknen wieder zusammengelegt werden und erneut „aufblühen".

Schwimmen und Sinken
Mit dem Foto auf Seite 53 und den Aufforderungen des Bücherwurms werden die Kinder auf das folgende Experiment eingestimmt und aufgefordert die Feststellung der beiden Kinder, Tobias und Claudia, zu überprüfen. Bei einem einfachen Versuch sollen sie mit den Schrittfolgen der Durchführung eines Experimentes vertraut gemacht werden. Die benötigten Gegenstände sind den Kindern aus dem täglichen Gebrauch bekannt. Das erleichtert ihnen das Formulieren einer Vermutung zur Schwimmfähigkeit der Gegenstände.

Die Knetkugel und -schale sollen die Kinder auf ein Problem aufmerksam machen, das sie möglicherweise beim Experimentieren übersehen haben und das darin besteht, dass die Schwimmfähigkeit von Körpern nicht allein vom Material/Stoff, aus dem der Körper besteht, sondern auch von dessen Form abhängig ist.

Folgende Arbeitsschritte beim Experimentieren sollten den Kindern bewusst werden:
1. Aufstellen einer Vermutung/Hypothese (Eintragen der Pfeile in die Spalte Vermutung)
2. Durchführung des Versuches (jeder einzelne Gegenstand wird nacheinander ins Wasser gelegt und überprüft, ob er schwimmt oder nicht)
3. Protokollieren (nach jedem einzelnen Versuch wird die Beobachtung in der Tabelle durch Einzeichnen eines Pfeils festgehalten)
4. Vergleichen der Vermutung mit dem Ergebnis des Versuchs
5. Auswertung des Experimentes (sowohl bei Abweichung als auch Übereinstimmung werden Erklärungen für das Schwimmen oder Sinken diskutiert)
6. Formulierung möglicher neuer Hypothesen

Wie bereits beschrieben, kann es in der Auswertung des Experimentes jedoch nur darum gehen, dass die Kinder den Zusammenhang zwischen Material und Form eines Körpers in Bezug auf seine Schwimmfähigkeit erkennen.

Eine mögliche Erkenntnis könnte lauten:
– Es gibt Materialien (z.B. Holz, Kork, …), die sind leichter als Wasser und schwimmen.
– Es gibt Materialien (z.B. Eisen, Stein, …), die sind schwerer als Wasser und sinken. Aber: verändere ich die Form eines Gegenstandes, der aus nicht schwimmenden Materialien besteht, so, dass dieser als Schale oder Hohlkörper verwendet werden kann, dann kann dieser unter Umständen auch schwimmen.

Die Experimente sollten als Gruppenarbeit organisiert werden und eine gemeinsame Auswertung erfolgen.

Bevor die Kinder in der Gruppe arbeiten, sollten folgende Regeln angesprochen werden:
1. Handtuch bereitlegen!
2. Ärmel hochkrempeln!
3. Sich gegenseitig nicht vollspritzen!
4. Nasse Gegenstände immer auf ein Handtuch legen!
5. Vor dem Schreiben Hände abtrocknen!

Es bietet sich an, die Kinder auch weitere Materialien und Gegenstände untersuchen zu lassen. In die leeren Felder der Tabelle können die Kinder die Materialien und Gegenstände eintragen/malen, die sie von zu Hause mitgebracht haben und untersuchen wollen. Nach der individuellen Durchführung des Experimentes sollte eine gemeinsame Auswertung erfolgen.

Sollten die Kinder nicht bereits selbst auf den Zusammenhang zwischen Schwimmfähigkeit und Form eines Gegenstandes gekommen sein, könnte die Lehrerin/der Lehrer nochmals auf das Experiment mit der Knetkugel und Knetschale zu demonstrieren: Eine Plastilinkugeln geht unter, wird genauso viel Plastilin jedoch zu einer Schale geformt, schwimmt diese.

Nach der gemeinsamen Auswertung der Experimente könnte die Lehrerin/der Lehrer in einem Demonstrationsversuch mit zwei geschlossenen Marmeladengläsern (eins völlig mit Wasser gefüllt, das andere mit Luft) die Kinder auf das Problem schwimmender Hohlkörper aufmerksam machen. Die Kinder könnten auf die Gefahren hingewiesen werden, die sich beim Baden in tieferen Gewässern aus der Nutzung von Schwimmhilfen (Schwimmreifen, Badebällen, Schwimmflügeln) ergeben, wenn diese defekt sind oder durch Herausziehen des Stöpsels Luft verlieren.

Weitere Anregungen und Materialien
Weitere Möglichkeiten für die „Seerose"
- Die Namen der Kinder in die Seerose schreiben. Einen mit Wasser gefüllten Teller in die Kreismitte stellen. Kinder dürfen sich die Rose holen, wenn sie ihren Namen lesen. (Leise Musik dazu. Teelichter in Seerosen stellen.)
- Nach Regenwetter alle Seerosen in eine Pfütze legen.

Kopiervorlage   38

Seite 54   Wasser verändert sich
Zur Arbeit mit der Seite
Zunächst stehen beim Thema „Wasser" die eigenen Erfahrungen der Kinder im Mittelpunkt. Anhand der Bilder auf der Seite 52 oben werden sie angeregt, über ihre Erfahrungen nachzudenken und darüber zu berichten.
Hier sollten bereits erste Erklärungsversuche, wie sich das Element Wasser verhält, ernst genommen und ggf. – als Versuchshypothesen – festgehalten werden.

Die durchzuführenden Versuche sind in Bildern in der Mitte der Seite ausreichend dargestellt. Die Kinder sollten wiederholen, welche Regeln für die Versuchsdurchführung gelten (benötigte Materialen herrichten – Versuchsaufbau – Versuchsdurchführung – Dokumentation der Ergebnisse) und dann die Versuche selbstständig vorbereiten und durchführen, z.B. in arbeitsteiliger Gruppenarbeit (z.B.: jede Gruppe bereitet einen Versuch vor, alle Kinder können von Tisch zu Tisch gehen und die Versuche durchführen).

Die Kopiervorlage 39 unterstützt die Dokumentation der Versuche.

Als Abschluss der Einheit sollte der Lernertrag – Wasser hat verschiedene Zustandsformen – wieder auf die Lebenswelt der Kinder rückbezogen werden: Der Bücherwurm schlägt vor, Plakate zu gestalten, auf denen Bilder (und evtl. Texte) zusammengestellt werden, die Wasser in den verschiedenen Zustandsformen zeigt: fest, flüssig und gasförmig.

Sachinformation
Wasser hat drei Aggregatzustände: fest (Eis), flüssig (Wasser) oder gasförmig (Dampf).

Als **Verdunstung** oder Verflüchtigung wird der Übergang eines Stoffes aus dem flüssigen in den gasförmigen Aggregatzustand bezeichnet, ohne dass die Flüssigkeit zum Sieden gebracht wird. Verdunstung ist darauf zurückzuführen, dass die in der Oberfläche der Flüssigkeit sich befindlichen Moleküle in die Luft entweichen.

Verdampfung ist die Überführung einer Flüssigkeit in den Dampfzustand. Dazu bedarf es der Zufuhr von Wärme, die Flüssigkeit wird zum Sieden gebracht.
Wasser verdunstet als unsichtbares Gas, nur wenn der Wasserdampf abkühlt, wird der Dampf sichtbar (z.B. beim Anhauchen eines Spiegels oder an dem Deckel eines Topfes). Bei sichtbarem Wasserdampf ist allerdings Wasser schon wieder kondensiert.

Als **Kondensieren** wird die Verflüssigung von Gasen und Dämpfen durch Abkühlung oder Druckerhöhung bezeichnet. Bei der Kondensation wird die gleiche Wärmemenge frei, die zur Verdampfung oder Verdunstung nötig ist. Als Taupunkt wird die Temperatur der Luft bezeichnet, bei der der in der Luft enthaltene Wasserdampf zu kondensieren beginnt. Dies ist an den Grasspitzen morgens zu beobachten, aber auch beim Beschlagen von Brillen, wenn man in ein warmes Zimmer geht, beim Beschlagen von Fenstern, die durch die Außentemperatur abgekühlt sind, oder bei der Tropfenbildung auf der Außenseite eines Glases, in das eine kalte Flüssigkeit gefüllt wird.

Beim **Gefrieren** geht Wasser vom flüssigen in den festen Aggregatzustand (Eis) über. Wasser dehnt sich dabei aus.

Beim **Schmelzen** wird ein Stoff aus dem festen in den flüssigen Aggregatzustand übergeführt. Dieser Übergang erfolgt bei einer für den jeweiligen Stoff spezifischen Temperatur, dem Schmelzpunkt, der bei Wasser 0 Grad Celsius beträgt. Die zum Schmelzen erforderliche Schmelzwärme wird beim Erstarren als Erstarrungswärme wieder frei.
(nach Bertelsmann: Das moderne Lexikon, 1978)

Kopiervorlage   39

Seite 55 Mischen, lösen und trennen
Zur Arbeit mit der Seite

Das Lernziel „Stoffe mischen und lösen" sollte unbedingt im Umgang mit alltäglichen Materialien experimentell erarbeitet werden. Die Versuchsdurchführung beim Mischen und Lösen sowie unterschiedliche Möglichkeiten, Mischungen und Lösungen zu trennen (verdunsten/verdampfen, absetzen lassen, filtrieren), werden in dem Kasten der Seite 55 dargestellt.

Die Kinder können hier wieder selbst anhand der Buchseite die Materialien zusammenstellen und die Versuche durchführen. Die Mischungen und Lösungen sollten in Glas- oder durchsichtige Plastikgefäße gefüllt werden. Wie unten auf der Seite angeregt, können sehr gut Twist-off-Gläser mit fest schließendem Deckel verwendet werden. So können Mischungen und Lösungen immer geschüttelt und damit vermischt werden, es sind auch Langzeitbeobachtungen möglich (Stoffe setzen sich allmählich wieder ab, z.B. Erde; Öl-Wasser-Gemische können sich zu einer Emulsion verbinden, die sich ohne Stabilisatoren mit der Zeit wieder trennt).

Bevor die Trennversuche durchgeführt werden, sollen die gemischten und gelösten Stoffe genau betrachtet werden. Lernziel: wasserlösliche und wasserunlösliche Stoffe unterscheiden. Arbeitsauftrag an die Kinder: Welche Stoffe, die wir mit Wasser gemischt haben, sind wasserlöslich, welche haben sich nicht in Wasser gelöst (Tabelle anlegen)?

Die Gläser können auf der Unterseite mit Klebestreifen beschriftet oder mit Wortkärtchen versehen werden.

Materialien
Wasser, Salz, Erde, Saft, Sand, Honig, Tee, Zucker
Lösen: Zucker, Salz, Honig
Mischen: Sand, Tee, Öl, Wasserfarben

Trennversuche
Mit Kaffeefilter, verschiedenen Sieben, durch Aufkochen (Verdampfen) oder Verdunsten

Information über gefährliche Flüssigkeiten

Der Bücherwurm gibt den eindringlichen Hinweis, dass mit anderen Stoffen im Haushalt, z.B. den verschiedenen Putzmitteln, auf keinen Fall experimentiert werden darf. Den Kindern sollten anhand der Warnhinweise auf den Packungen die Zeichen für gefährliche Flüssigkeiten erläutert und gezeigt werden:

 ätzend   leicht entflammbar

 giftig   reizend

Nichts aus Flaschen ohne Aufschrift trinken oder daran riechen!

Sachinformation
Mischungen, Lösungen

Bei **Mischungen** werden unterschiedliche Stoffe miteinander gemischt, die Einzelstoffe bleiben dabei erhalten und können durch verschiedene Verfahren getrennt werden. Mechanisches oder physikalisches Trennen: Grobe, feste Stoffe, die leichter sind als Wasser, können durch Sieben entfernt werden. Solche, die schwerer sind als Wasser, wie z.B. Sand, setzen sich mit der Zeit am Boden ab (Sedimentation). Das Wasser kann abgegossen werden. Leichtere Stoffe, wie Fette oder Öle, schwimmen an der Wasseroberfläche und können durch Abschöpfen oder Ablassen getrennt werden. Fein verteilte Stoffe, (z.B. Farbstoffe) lassen sich mit Filterpapier, Haushaltstüchern entfernen. Die Partikel bleiben an diesen Substanzen mit großer Oberfläche haften.
Chemische und biologische Trennverfahren wurden bei diesem Thema nicht berücksichtigt.

Als **Lösungen** bezeichnet man die homogene Verteilung eines Stoffes in einem anderen, z.B. die homogene Verteilung von festen Stoffen in Flüssigkeiten. Lösungsmittel können z.B. Wasser, Alkohol oder Benzin sein. Sie zeigen verschiedenes Lösungsvermögen.
Man unterscheidet grundsätzlich zwei Arten des Lösens: das physikalische Lösen als ein bloßes Verteilen im Wasser. Zucker und Salz lösen sich in Wasser. Bei Verdunsten oder Verdampfen des Wassers bleiben diese Stoffe zurück.
Bei chemischen Lösungen bleiben die Substanzen nicht erhalten, sie gehen neue Verbindungen ein.
Die Löslichkeit, also die gelöste Menge eines Stoffes im Lösungsmittel, ist für verschiedene Stoffe unterschiedlich. Man unterscheidet leicht lösliche, schwer lösliche und praktisch unlösliche Stoffe. Ein Stoff wird von einem Lösungsmittel am leichtesten gelöst, wenn er ihm in chemischer Sicht ähnlich ist.
Gelöste Stoffe, also z.B. Salze, können mit Hilfe von chemisch-physikalischen Verfahren (z.B. Verdunsten, Verdampfen) entfernt werden.

Als **Emulsionen** werden Mischungen aus Flüssigkeiten bezeichnet, z.B. Kuhmilch (Öl-in-Wasser-Emulsion) oder Butter (Wasser-in-Öl-Emulsion), die durch oberflächenaktive Substanzen (Emulgatoren) stabilisiert sind. Stoffe, die sich nicht in Wasser lösen lassen, wie z.B. Öl, bilden eine Emulsion, die allerdings ohne Emulgatoren (die die Oberflächenspannung der Flüssigkeiten herabsetzen, z.B. Galle, Seife oder Shampoo) nicht stabil bleiben. So scheint sich eine Öl-Wasser-Mischung durch Schütteln verbinden zu lassen, lässt man die Mischung länger stehen, trennen sich die beiden Flüssigkeiten wieder, das Öl schwimmt oben.

Kopiervorlage 40

Seite 56   Wasser in unserem Leben

Zur Arbeit mit der Seite

Den Abschluss zum Thema Wasser bildet die Bedeutung des Wassers für Menschen, Tiere und Pflanzen sowie der Schutz von Wasser.

Die Bildbetrachtung zeigt viele Aspekte auf, die von den Kindern entdeckt werden können:
- Brauch- und Trinkwasser im Haushalt,
- Bewässerung von Pflanzen,
- Tiere und Wasser,
- Eis,
- Regen,
- Transportmittel Wasser,
- Wasser und Industrie.

Nach der Betrachtung des Bildes im Buch und einem klärenden Unterrichtsgespräch bietet es sich an, die Kinder Plakate gestalten zu lassen, z.B. mit den Überschriften:

Menschen brauchen Wasser
Tiere brauchen Wasser
Pflanzen brauchen Wasser

Wasser sparen

Zum Thema „Wasser sparen" könnten die Kinder mit folgender Abbildung hingeführt werden:

> - Jeder Mensch in Deutschland verbraucht täglich ungefähr 130 l Wasser.
>
> - Vor etwa 40 Jahren verbrauchte ein Mensch pro Tag ungefähr 80 l.
>
> - Für ein Vollbad werden 150 l verbraucht.
>
> - Für ein Duschbad nur etwa 30 bis 50 l und
>
> - für 1 Toilettenspülung etwa 10 l Wasser.
>
> - Mit Toilettenstopptaste wird weniger verbraucht.
>

Wie können wir in der Schule und zuhause Wasser sparen?
- z.B. Wassergläser im Kunstunterricht
- Tafelputzen mit Eimer
- Toilettenspülung kurz
- Schulgarten mit Regenwasser gießen
- Wasserhähne ganz zudrehen

Bearbeitung der Kopiervorlage 41.

Wasserschutz

Anhand von Materialien zum Thema Wasser, die auch bei örtlichen Stellen und Behörden erhältlich sind, sollte der Wasserschutz in der jeweiligen Region erarbeitet werden: Gibt es Trinkwasserschutzgebiete? Weshalb? Was ist dort verboten? Baderegeln an natürlichen Gewässern.

Kopiervorlage   41

Bei uns und anderswo

Vorüberlegungen zum Kapitel

Mit dem Alter der Kinder wächst auch der Radius ihrer Spiel- und Bewegungsräume. Wurde in der 1. Klasse vor allem auf das Kennenlernen der Schule und der unmittelbaren Schulumgebung (z.B. Schulweg) Wert gelegt, sollen sich die Kinder der 2. Klasse im Nahraum der Schule orientieren lernen. Auf ihrem Weg zur Schule kommen sie täglich an interessanten, möglicherweise auch bedeutsamen Orten vorbei, die sie sehr unterschiedlich wahrnehmen und an denen sie sich bewusst oder unbewusst orientieren. Während der Bearbeitung des Kapitels 6 sollen die Kinder deshalb gemeinsam Erkundungen im Nahraum ihrer Schule realisieren und dabei Begegnungen mit verschiedenen kindlichen Erfahrungsräumen sammeln können. Sie sollten dabei ihren Schulweg bzw. verschiedene andere Wege, z.B. zum nahe gelegenen Spielplatz oder zur Bibliothek genauer erkunden. Dabei sollen sie herausfinden, an welchen Stellen besondere Gefahren vorhanden sind (Verkehrserziehung), wobei diese ja meist voller Abenteuer und Herausforderungen stecken.

Die Kinder lernen zum einen verschiedene Räume (Freizeitbereiche, Spielplätze, verkehrsreiche und weniger verkehrsreiche Orte) kennen, erfahren ihre Vielfalt und unterschiedliche Bedeutung und kommen zum anderen über deren Funktionalität und Wirkung ins Gespräch.

In dem Kapitel wird exemplarisch gezeigt, wie eine Klasse den Plan ihres Schulgrundstückes herstellt. Dabei lernen die Kinder die Karte als eine vereinfachte, abstrakte Darstellung der Wirklichkeit kennen. Sie können Gebäude, Straßen und Landmarken den Symbolzeichen der Karte zuordnen. Möglichkeiten zum handelnden Lernen werden angeboten.

Das wachsende räumliche Vorstellungsvermögen ist für die weitere Kartenarbeit in den folgenden Jahrgangsstufen wichtig.

Lernziele

2.6.3 Schulumgebung
- Die Schulumgebung nach besonderen Gegebenheiten erkunden und in Kartenskizzen festhalten
- Die erkundete Wirklichkeit in einem Modell nachbauen
- Einen einfachen Grundriss zeichnen und sich damit zurechtfinden

Literatur

Leser, H.; Haas, H.-D.; Mosimann, T.; Paesler R.: Wörterbuch der Allgemeinen Geografie Bd. 1 und 2. Diercke, dtv, Westermann, 1993

Hanle, A., u.a.: Die Geographie. Schülerduden. Dudenverlag, 1991

Zeits, M.: Vom Modell zur Karte. Grundschulunterricht 11/1992

Wittkowske, S.: Orientierung im Gelände – Einige praktische Anregungen. Grundschulunterricht 3/1996

Schumann, G.; Wittkowske, S.: Grundformen der Kartenarbeit (I). In: Grundschulunterricht 7–8/1996

Schumann, G.; Wittkowske, S.: Grundformen der Kartenarbeit (II). Grundschulunterricht 9/1996

Nebel, J.: Start in die Kartenwelt. Westermann Schulbuchverlag, 1991

Thiel, H.-P.: Unsere Erde von A–Z. Kinderlexikon. Franz Schneider Verlag: München, 1993

Tayler, B.: Globus, Atlas, Landkarte. Franz Schneider Verlag: München, 1993

Bei uns und anderswo — Seite 57
Zur Arbeit mit der Seite

Die Seite dient dazu, anhand der Zeichnung zunächst zu besprechen, was Orientierungspunkte sind. Hier wurden aufgenommen: Kirchturm, markante Gebäude, Kreuzungen, Geschäfte.

Mit der Kapiteleingangsseite werden die Kinder aufgefordert wichtige Orientierungspunkte, an denen sie auf dem Weg zur Schule vorbeikommen, zu benennen.

Nach der Bearbeitung der Seite und der Begriffsklärung bietet es sich an, auf einem Erkundungsgang im Nahraum der eigenen Schule einige Orientierungspunkte aufzusuchen und über deren Bedeutung für die Kinder ins Gespräch zu kommen. Weiterhin sollten solche Stellen auf dem Schulweg besucht werden, die besondere Gefahrenstellen darstellen, wie beispielsweise Kreuzungen oder

Fußgängerüberwege. Es bietet sich an, auf dem Erkundungsgang die Verkehrszeichen von Seite 8 und deren Bedeutung vor Ort zu wiederholen.
Die Kinder sollten darüber hinaus interessante Orte benennen, an denen sie sich gern verabreden oder zurückziehen, um ungestört zu sein.

Weitere Anregungen und Materialien
Zur Vorbereitung auf die Erarbeitung des Grundrisses sollten die Kinder zunächst – ohne Vorgaben – selbst Karten aus der Erinnerung zeichnen. Dabei ergeben sich oft sehr interessante Darstellungen der Dreidimensionalität (Wirklichkeit) in der Fläche (Papier). Die Kinder entwickeln dabei auch selbst schon Kartenzeichen oder werden auf das Problem der Erläuterung ihrer Zeichen aufmerksam.
Die Betrachtung und Analyse dieser Karten kann dann hinführen zur Grundrisszeichnung und der Festlegung von gemeinsamen Kartenzeichen.

Sprachbuch   Seite 58

Seite 58/59   Von der Wirklichkeit zum Plan
Zur Arbeit mit den Seiten
Die Kinder sollen auf diesen Seiten erste Kenntnisse im Herstellen und Lesen von Plänen erwerben. Ziel ist es, einen Plan vom eigenen Schulgelände zu erstellen. Ihnen soll durch diesen praktischen Einstieg deutlich werden, dass ein Plan die Wirklichkeit abbildet und die Wirklichkeit verkleinert dargestellt wird.
Die Kinder erhalten zum Schuljubiläum von ihrer Partnerklasse einen Schlehenstrauch, da sie eine Hecke im Schulgelände anlegen möchten. Da die Partnerklasse wissen will, wo der Strauch hingepflanzt wird, entschließen sich die Kinder, einen Plan von ihrem Schulgelände anzufertigen, den Standort einzutragen und der Partnerklasse den Plan zu schicken.
Bei der Betrachtung der Fotos auf den Seiten 58/59 sollten die Kinder überlegen, wie sie beim Erstellen eines Planes vorgehen können, was sie vorbereiten und mitbringen müssen. Auf beiden Seiten wird eine Handlungsabfolge gezeigt, die nachvollzogen werden kann.
Ausgangspunkt für diese Klasse war das reale Schulgelände. Dazu gingen die Kinder auf Erkundung um sich im Raum zu orientieren. Durch Abschreiten und Betrachten des Schulgebäudes konnten sie dessen Lage, Form und Größe feststellen.
Aus verschieden großen Kartons wurde danach die annähernde Anordnung der Schulgebäude (auch Turnhalle, Geräteschuppen usw.) erstellt und die Kartons zueinander positioniert. Die Kinder hatten zuvor große Packpapierbögen bzw. zusammengeklebte Tapetenrollen untergelegt. Mit farbiger Kreide, Wachsstiften oder dicken Filzstiften wurden die Kartons umfahren. Hier gaben sich die Kinder gegenseitig Hilfestellung.

Die Kinder erkannten, dass die Grundrisse der Gebäude verkleinert auf dem Papier entstanden. Andere wichtige Teile des Schulgeländes ergänzten die Kinder nach Augenmaß. Dazu gehörten der Schulgarten, der Sportplatz, Wege, Bäume und angrenzende Straßen. Die vorher von den Kindern erstellten Kartenzeichen wurden verwendet. Bei der farbigen Ausgestaltung einigten sich die Kinder auf bestimmte Farben, die alle für das Schulgebäude, den Sportplatz, die Straßen usw. nutzen sollten. Daraus ergab sich die Notwendigkeit für das Erstellen einer Legende an der Tafel.
Damit jedes Kind seinen eigenen, verkleinerten Plan anfertigen konnte, wurden Hilfsmittel wie Holzbausteine und Streichholzschachteln für das Übertragen des Planes in ein kleineres Papierformat angeboten.

Es ist wichtig, einen nachvollziehbaren Anlass zum Erstellen des Plans zu suchen: z.B. ein Schulfest vorbereiten, einen Schulgarten anlegen.
Mit den Kindern sollte im Vorfeld erarbeitet werden, dass auf einem Plan nur die Grundrisse von räumlichen Erscheinungen der Umwelt/der Wirklichkeit dargestellt werden können. Ein Grundriss ist die senkrechte Projektion des Modells in eine Ebene. Um diese Abstraktion für alle zu verdeutlichen, sollten Übungen dazu erfolgen. Dinge aus dem Klassenzimmer könnten in der Draufsicht oder Vogelperspektive dargestellt werden.

Es empfiehlt sich, in Gruppen zu arbeiten, so entstehen mehrere Pläne, die interessante Vergleichsmöglichkeiten bieten. Auch von Spielplätzen, Parkanlagen, Kinderzimmern oder anderen Objekten lassen sich Pläne anfertigen.
Material: Kartons, Papierbögen (Packpapier, Tapete), Kreide, Wachsstifte oder dicke Filzstifte, Bausteine, Streichholzschachteln

Eine weitere Möglichkeit wäre mit Hilfe von Bausteinen, Abfallmaterial und unter Zuhilfenahme von Spielzeug das Modell des Schulgrundstückes auf einem Tisch aufzubauen. Dann könnte mit einer Sofortbildkamera die Draufsicht auf dieses Gelände fotografiert werden. Analog könnte auch im Sandkasten das Modell des Schulgeländes nachgebaut werden und der Grundriss auf die darüber liegende Glasplatte übertragen werden.

Weitere Anregungen und Materialien
Verdeutlichen des Grundriss-Prinzips
Es ist Winter. Man legt den Karton „Schulhaus" auf dunkelgrünes oder schwarzes Tonpapier. Es „schneit" die weißen Papierkonfetti des Lochers über das Schulgebäude. Hebt man die Schachtel weg, ist der Grundriss zu erkennen. Einen schärferen Grundriss erzielt man, wenn man mit einem Sieb Mehl über den Karton stäubt.
Karten lesen
Kinder werden im Schulhaus, bei Busfahrplänen, auf Spielplätzen, in Museen, also an zahlreichen Orten, mit

Plänen, Grundrisszeichnungen und thematischen Karten konfrontiert. Es bietet sich an, diese in die Sequenz mit einzubeziehen. Die Kinder können sie mitbringen und dazu Suchaufgaben stellen. (z.B.: Wo stehen in der Bibliothek die Kinderbücher?)

Sachinformation

Eine Karte zeigt den jeweilgen Ausschnitt der Erde verebnet und vereinfacht. Durch Zeichen und Schrift wird die Darstellung in einer Legende erläutert.
Die Symbole und Farben werden in der Legende der jeweiligen Karten festgelegt.

Seite 60   Für andere Wege aufzeichnen

Zur Arbeit mit der Seite

Den Anlass, anderen Wege aufzuzeichnen, entnehmen die Kinder dem Brief. Die Besucher des Sommerfestes sollen sich schnell orientieren können. Die beiden Skizzen sollten genau verglichen werden. Sie ähneln sich beim ersten Ansehen. Doch bald werden die Kinder herausfinden, dass auf der ersten Karte alles etwas kleiner dargestellt ist und somit mehr zu sehen ist als auf der Karte im unteren Teil der Seite. Und außerdem ist der Ausschnitt anders gewählt. Im oberen Bild sind die Straßen, rechts vom Schulgebäude, für die Anfahrt der Besucher gezeichnet. Im unteren Bild liegt das Schulgebäude weiter rechts und zeigt den Besuchern die Parkmöglichkeit auf und wie sie von dort zum Schulhaus gelangen. Die Raum-Lage-Beziehungen werden versprachlicht: rechts – links, innen – außen, hinter – vor, neben, gegenüber etc. Fragen wie die folgende könnten gestellt werden: Wie kommt man vom Parkplatz zum Schulhaus? Wer vom Parkplatz über den Fußweg kommt, muss vor dem Spielplatz nach rechts abbiegen, bei der nächsten Straße wieder nach rechts und danach sofort nach links. Die Kinder könnten sich überlegen, selber Kartenzeichen für den Spielplatz zu finden. Sie werden durch die Frage angeregt einen Plan ihrer Schulumgebung zu zeichnen. Jedes Kind soll sich selber einen Anlass dafür überlegen. Beispiel: Die Oma oder Tante ist zu Besuch und will mich nach dem Unterricht abholen. Welchen Weg muss sie gehen und wo ist unser Treffpunkt?

Die Zeit vergeht

Vorüberlegungen zum Kapitel

Bereits in der 1. Klasse haben die Kinder das Thema Zeit bearbeitet. Der Tagesablauf mit den verschiedenen Tageszeiten und den sich an allen Tagen wiederholenden Ereignissen wurde besprochen. Die Kinder lernten die Jahreszeiten als natürliche Zeitgeber kennen. In der 2. Klasse wird auf diese Kenntnisse aufgebaut. Die Monate werden als Zeitabschnitte des Jahres mit 31, 30 oder 28 bzw. 29 Tagen kennen gelernt, unterschiedliche Kalender vor- und hergestellt, es werden verschiedene Zeitmesser gebaut und Zeit gemessen.

Die Größe Zeit unterscheidet sich von anderen Größen (Länge, Geld, Volumen) dadurch, dass sie zwei Dimensionen der Betrachtung zulässt. Zum einen kann Zeit als Zeitspanne (Dauer eines Vorganges), zum anderen als Zeitpunkt (Uhrzeit) betrachtet werden. Auch in Bezug auf das individuelle Empfinden von Zeitverläufen treten wie in keinem anderen Bereich mathematischer Größen Abweichungen zwischen objektiver Messung und individuellem Empfinden auf.

Manchmal erscheinen 5 Minuten sehr lang, ein andermal vergehen sie wie im Fluge, obwohl es in beiden Fällen genau 300 Sekunden waren, die vergangen sind. Mit dieser Umrechnung wird auf ein weiteres Problem hingewiesen. Während die Kinder bisher im dekadischen Stellenwertsystem (1 m = 100 cm; 1 Euro = 100 Cent) gearbeitet haben, müssen sie sich bei der Zeit im Hexadezimalsystem (60er System, 1 h = 60 min, 1 min = 60 s) zurechtfinden. Hinzu kommen noch die unterschiedlichen Einteilungen verschiedener Zeitabschnitte, wie des Jahres in 12 Monate, der Monate in 28 oder 29, 30 oder 31 Tage, der Woche in 7 Tage und der Tage in 24 Stunden.

Bis zu ihrem Schuleintritt spielte das Thema Zeit für die Kinder eher eine untergeordnete Rolle. Mit dem Schulbeginn änderte sich für viele der Tages- und Jahresablauf. Zeitabläufe erfahren eine zunehmende Gliederung. Der Tag wird unterteilt in den Vormittag mit Unterricht und Pausen, in den Nachmittag mit Hortbetreuung für viele Kinder und darin eingeschlossen die Hausaufgabenzeit, mit Freizeit, Fernsehzeit und Hobby.

Das Jahr erfährt eine Neugliederung in Schulzeit und Ferienzeit. Fest- und Feiertage wirken sich auf die Schulzeit aus. Feiern (Geburtstage von Mitschülern und Freunden) stellen zusätzliche Termine dar, die vorgemerkt und eingehalten werden müssen.

Da die Kinder in der zweiten Klasse bereits selbst lesen und schreiben können, gewinnt der Kalender als Planer und „Vorhersager" von Terminen für sie an Bedeutung. Mit einem Kalender kann darüber hinaus genau bestimmt werden, wie viele Tage noch bis zum Beginn des Urlaubs oder des eigenen Geburtstages vergehen müssen.

Im Kapitel „Die Zeit vergeht" wird nach Ideen aus der Montessori-Pädagogik (Maria Montessori 1870–1952) ein interessantes Unterrichtsangebot, der Jahreskreis, unterbreitet, mit dem vielfältige Formen der Bearbeitung der Themen Einteilung und Ablauf eines Jahres, Bräuche und Feste im Jahr sowie jahreszeitliche Veränderungen in der Natur in einer emotional ansprechenden, ästhetisch anspruchsvollen und jederzeit erweiterbaren Weise realisiert werden können.

Es werden verschiedene Kalender vorgestellt und die Kinder werden zur eigenen Anfertigung von zwei Kalendern animiert. Anhand des Hausaufgabenheftes wird auf einen Kalender Bezug genommen, den die Kinder als Hilfsmittel für ihre Arbeitsplanung nutzen könnten bzw. sollten.

Auch die Welt der Grundschulkinder wird schon stark von Zeitplänen und Uhren beeinflusst, nicht selten sogar dominiert. Die Fähigkeit zu entwickeln, selbst über Zeitpunkte und Zeitspannen zu bestimmen und über eine sinnvolle Gestaltung der Freizeit zu entscheiden, soll ein weiteres Ziel dieses Kapitels sein.

Da die meisten Kinder viel Zeit vor dem Fernseher verbringen, sollte über den Umgang mit diesem Medium im Zusammenhang mit dem Thema „Die Zeit vergeht" gesprochen werden.

Eine von den Kindern selbst erstellte Statistik zum Fernsehkonsum und der Bau eines Fersehplaners bieten vielfältige Möglichkeiten, sich dem Thema offensiv zuzuwenden.

Natürlich kann im Kapitel Zeit der Umgang mit Zeitmessern nicht fehlen. Sowohl das Ablesen der Uhrzeit als auch das Messen von Zeitverläufen (Dauer) wird deshalb intensiv geübt.

Entdeckendes Lernen wird darüber hinaus beim Bau einer Sand-, Wasser- oder Kerzenuhr initiiert.

Wie bereits oben erwähnt, eignet sich die Größe Zeit wie keine andere Größe dazu, individuelles Empfinden zu testen und mit objektiven Messungen zu vergleichen. Auf der Seite 66 werden verschiedene Anregungen zum spielerischen Anwenden der Kenntnisse zur Zeitmessung und zum experimentellen Arbeiten mit Messgeräten gegeben. Die Kinder lernen spielend den sachgerechten Umgang mit Zeitmessern und das exakte Auswerten von Schätz- und Messwerten. Darüber hinaus schulen sie ihr Zeitempfinden und können sich selbst verschiedene Tests ausdenken.

Lernziele
2.3.1 Freizeitgestaltung am Ort
– Den eigenen Tagesablauf mit dem anderer vergleichen
– Möglichkeiten der Freizeitgestaltung erkunden und für das eigene Freizeitverhalten nutzen (s. S. 22/23)
– Freizeitgestaltung im Wandel der Zeit

2.6.1 Uhr und Uhrzeit
– Verschiedene Uhren betrachten und erproben
– Stunden unterteilen in Viertelstunden und Minuten
– Analoge und digitale Uhrzeiten ablesen und einander zuordnen

2.6.2 Kalender
– Das Jahr in Monate unterteilen
– Mit der Zeitleiste arbeiten

Literatur
Hundt, S.: Das Entdeckerbuch zum Thema Zeit und Familie. Ernst Klett Grundschulverlag, 1997

Edmonds, W.: Alles über die Zeit. Carlsen Verlag: Hamburg, 1995

Buch-Aktiv Bose: Zeitmessung. ars edition: München, 1997

Noak, K.-A.; Kollehn, K.; Schill, W.: Thema Fernsehen. Ernst Klett Schulbuchverlag, 1996

Mirwald, E.; Thiel, O.: Uhrenbau in Klasse 2. In: Grundschulunterricht 7/8, 1997

Seite 61   Die Zeit vergeht
Zur Arbeit mit der Seite

Die Kapiteleingangsseite soll die Aufmerksamkeit der Kinder auf den Jahreskreis lenken, der auf den folgenden Seiten des Kapitels weiter bearbeitet wird.
Nach intensiver Betrachtung der Bilder auf der Seite sollten die Kinder berichten, was sie alles entdeckt haben und woran sie die Bilder erinnern. Die Entdeckungen können von den 12 Strahlen der Sonne, den 18 Kerzen auf den Strahlen der Sonne über die Bilder und Monatsnamen bis zur Beschreibung der Körbcheninhalte gehen. Interessant wäre es auch zu erfahren, ob die Kinder ihre Entdeckungen in einen bestimmten Zusammenhang zum Jahresablauf bringen und welche Assoziationen bei ihnen ausgelöst werden (z.B.: In welchen Monaten sind die meisten Kinder der Klasse geboren?).

Erläuterung zur Arbeit mit dem Jahreskreis
Der Jahreskreis wurde nach einer Idee aus der Montessori-Pädagogik erarbeitet. Er bietet den Kindern die Möglichkeit, sich auf vielfältige Art und Weise aktiv an der Herstellung und ständigen Komplettierung eines Jahreskreises für die Klasse zu beteiligen und eröffnet unterschiedliche individuelle Zugänge zum Thema Zeit. Der Jahreskreis besteht aus folgenden Elementen: Perlenkette, Fotos, Sonne, Körbchen, Klappkarten für Monatsnamen, Kerzen. Eine Anleitung zur Herstellung eines Geburtstagskalenders auf dem Jahreskreis findet sich im Schülerbuch Seite 68.

Perlenkette:
Die Perlenkette besteht aus 365 Perlen. Für jeden Tag des Jahres wird eine Perle auf eine Schnur aufgezogen. Eine dunkle Perle markiert jeweils den Beginn eines neuen Monats. Kostengünstig sind die Holzperlen der Autositzschoner. Sie lassen sich auch sehr gut auffädeln.

Bilder (Fotos):
Die Fotos zeigen die typischen jahreszeitlichen Veränderungen und Erscheinungen jedes Monats (Oktober: bunt gefärbte Laubbäume, Juni: goldene, reife Getreidefelder). Sie können in alten Kalendern gefunden werden. Die Fotos werden auf verschiedenfarbiges Tonpapier geklebt. Jede der vier Jahreszeiten erhält einen bestimmten Farbton. Eine Zuordnung der Monate zu den Jahreszeiten ist für die Kinder dadurch leichter möglich. Der Name der entsprechenden Jahreszeit wird auf einem Zettel mit gleichem Farbton geschrieben.
Es ist auch möglich, die Fotos der Monate nicht auf das Tonpapier zu kleben und die Kinder die Zuordnung immer neu entscheiden zu lassen. Das jeweilige Kind hat dann die Möglichkeit entsprechend seinem Farbempfinden die Auswahl zu gestalten und sie den anderen Kindern gegenüber zu erklären.

Kerzen:
Für jedes Kind der Klasse wird ein Teelicht auf den Sonnenstrahl gestellt, der dem Geburtstagsmonat des Kindes entspricht.
In der Mitte des Jahreskreises steht auf der Sonne ein Lebenslicht.

Körbchen:
In die Körbe werden alle Dinge gelegt, die nach Meinung der Kinder zu dem entsprechenden Monat passen. Diese Gegenstände sollten die Schüler selbst mitbringen. Dabei können die im aktuellen Monat reifen Früchte (Juni: Kornähre, September: Weintrauben), Dinge, die an besondere Festtage erinnern (Dezember: Adventskerze, Spielzeugweihnachtsbaum, kleine Geschenkpäckchen), passende Kleidungsstücke (Juli: Badehose, Januar: Pudelmütze) und Gegenstände, die man in diesem Monat besonders häufig benutzt, (August: Spielzeugliegestuhl, Plastikschiff, Muschel) in den Korb gelegt werden. Da nicht alle Kinder

die passenden Gegenstände, aber oft sehr gute Ideen haben, sollten auch kleine Zeichnungen, aus Illustrierten ausgeschnittene Fotos und Wortkarten, auf denen der Gegenstand benannt ist, akzeptiert werden.
Die Kinder sollten aufgefordert werden, die Wahl ihrer Gegenstände zu begründen. Es bietet sich damit ein Anlass für freies Sprechen oder Schreiben.

Sonne:
Die Sonne stellt das Zentrum des Jahreskreises dar. Um sie herum wird der Jahreskreis aufgebaut.
Jeder Sonnenstrahl entspricht einem Monat des Jahres.
Es bietet sich an, die Sonne statt aus Fotokarton aus Filz bzw. Stoff herzustellen, da dieser sich leicht zusammenfalten lässt (Kopiervorlage 46).

Schilder mit den Namen der 12 Monate:
Damit die Monatsnamen von allen Schülern, die um den Kreis herum sitzen, gelesen werden können, sollten die Schilder auf der einen Seite in Schreibschrift und auf der anderen Seite in Druckschrift beschriftet werden.

Weitere Arbeitsmöglichkeiten

Am Außenrand des Kreises können Tonpapierstreifen liegen, auf denen die unterschiedlichen Ferien stehen (Winterferien, Weihnachtsferien). Die Länge dieser Streifen entspricht dabei in etwa der Anzahl der Ferientage.
Es können zusätzlich Streifen mit den **Namen der Festtage** (Nikolaus, Karfreitag etc.) hergestellt werden. In diesem Zusammenhang kann auf die feststehenden Feste (Weihnachten, Silvester) und die beweglichen Feste (Ostern) eingegangen werden. Sehr interessant ist es natürlich auch, die großen Fest- und Feiertage anderer Kulturen anzusprechen. Dies ist besonders wichtig, wenn sich Kinder anderer Religionszugehörigkeit und Nationalität in der Klasse befinden.
Auch regionale Feste (Schützenfest, Kirchweih) können ihren Platz im Jahreskreis finden. Im Lehrerband 1 sind Feste im Jahreslauf zusammengestellt, die als Kärtchen für den Jahreskreis gestaltet werden können (Lehrerband 1, Sachinformation S. 18f.).

Zu jeder Geburtstagsfeier könnte als Höhepunkt des Tages der Jahreskreis aufgebaut werden. Während das Geburtstagskind um den Kreis herum läuft, kann die Lehrerin/der Lehrer die Lebensgeschichte des Kindes erzählen. Das Kind beginnt seinen Lauf am Monat der Geburt. Ein achtjähriges Kind läuft z.B. acht mal langsam um den Jahreskreis herum. Es hält dabei eine kleine Sonne, auf der ein brennendes Teelicht steht, in der Hand, genießt die Aufmerksamkeit aller und erfährt somit eine besondere Würdigung. Durch die Erzählung der Lebensgeschichte des Geburtstagskindes werden für alle Kinder Zeitabläufe transparenter. Der Weg, den das Kind um den Jahreskreis zurücklegt, macht für die anderen Kinder sichtbar, wie die Zeit vergeht. Durch die kurze Erzählung der Lebensgeschichte eines Kindes weckt die Lehrerin bei allen Kindern Erinnerungen.

Am Ende der Geburtstagsfeier kann die Kerze auf der Sonne vom Geburtstagskind ausgeblasen werden.
Während der Rauch sich langsam auflöst, können sich alle Kinder etwas wünschen. Dies ist eine sehr schöne Stilleübung.

Bei einem Elternabend sollten die Eltern gebeten werden, die wesentlichen Ereignisse im Leben ihres Kindes aufzuschreiben. Mit diesen Informationen zur Lebensgeschichte ihrer Kinder kann die Lehrerin/der Lehrer über das Kind sprechen.

Kopiervorlage 44

Sprachbuch Seite 95 bis 103

Zwölf Monate hat das Jahr Seite 62/63
Zur Arbeit mit den Seiten

Auf den Seiten 62, 63 und 68 wird beschrieben, wie die Kinder ihren Jahreskreis selbst herstellen können. Unter Zuhilfenahme eines Kalenders ermitteln die Kinder gruppenweise die Namen der Monate und schreiben die Namenskärtchen.
Die entsprechende Anzahl der Tage eines jeden Monats zu wissen ist wichtig dafür, dass die Kinder die Monatsketten fädeln können, denn für jeden Tag fädeln sie eine Perle auf eine Schnur. Der Kalender und der Trick des Bücherwurms helfen bei der Bestimmung der Anzahl der Tage. Die erste Perle sollte eine andere Farbe besitzen, damit beim Zusammenbinden der Schnüre die einzelnen Monate gut zu erkennen sind. Alle aufgefädelten Schnüre werden entsprechend der Reihenfolge der Monate im Jahr nebeneinander auf den Boden gelegt und die Karte mit dem Monatsnamen davor gestellt. Zur Vorbereitung der Kinder auf diese Aktion könnte die Kopiervorlage 43 bearbeitet werden. In die Monatskörbchen im Arbeitsheft können Dinge gezeichnet werden, die die Kinder schon zuordnen können. Nach dem Unterrichtsgespräch wird möglicherweise ergänzt werden.
Die Monatsschnüre kann man in der Reihenfolge der Monate nebeneinander an einen Stock hängen. Den Kindern wird dadurch der Wechsel der Monate mit dreißig und einunddreißig Tagen deutlich. Sie sehen, dass nur der Februar, der Juli und August diesen regelmäßigen Ablauf unterbrechen. Es kann auch der gesamte Jahreskreis auf eine durchgehende Schnur gefädelt werden.

Weitere Anregungen und Materialien

Nach der Behandlung des Jahreskreises bietet es sich an, für jeden Monat ein Gedicht auszuwählen. Es sollte an einem besonderen Platz ausgehängt werden, damit es die Kinder während des Monats lernen können.
Zum Einprägen der Reihenfolge der Monatsnamen eignen sich das Lied „Die Jahresuhr" von Rolf Zuckowski und das Gedicht „Zwölf Monate hat das Jahr" von Hannes Hütt-

ner. Das Gedicht von Alfons Schweiger „Frühling, Sommer, Herbst und Winter" (LB 1, S. 54) kann ebenfalls eingesetzt werden.

Zwölf Monate hat das Jahr
Im Januar bläst der Wind so kalt,
im Februar laut das Jagdhorn schallt.
Im Märzen lasst uns Körner legen.
April neckt uns mit Sonnenregen.
Der Mai bringt uns den Vogelsang,
Juni, der macht die Tage lang.
Der Juli sieht die Ähren schwer,
August mäht alle Felder leer.
Septemberäpfel – schwer und rund,
Oktober färbt die Blätter bunt,
November reißt sie von den Bäumen.
Dezember naht mit Weihnachtsträumen.
So rundet sich das volle Jahr,
das Ende zeigt, ob gut es war.
Hannes Hüttner

Sachinformation
Herkunft der Monatsnamen
Diese Informationen bieten, wenn man sie als Schilder im Jahreskreis auslegt, eine zusätzliche Leseanregung und verdeutlichen die geschichtliche Tradition.
Einige Kinder könnten z.B. in der Freien Arbeit diese Texte ergänzen durch eigene Texte, z.B. „Im Januar haben wir zwei Wochen Ferien. Im Februar ist Fasching und es gibt Zeugnisse".
Januar:
Der erste Monat des Jahres ist nach dem römischen Gott Janus benannt. Er ist der Gott der Tür und des Torbogens, der Schützer des Hauses und der Gott des Anfangs.
Februar:
Der Februar galt bis zum Jahre 153 vor Christus als der letzte Monat des Jahres und hat seinen Namen vom lateinischen Wort februare, d.h. reinigen. Die Maskenfeste der Karnevalszeit, das Treiben der vermummten Gestalten in Dörfern und Städten, haben ihren Ursprung in den Reinigungsfesten der Vergangenheit.
März:
Der März ist nach dem römischen Gott Mars benannt, der ursprünglich der Gott der Bauern war, zu dem man um Wachstum und Gedeihen in Feld und Stall betete. Die Römer verehrten Mars aber auch als Ahnherr des ganzen Volkes. Bis zum Jahr 153 vor Christus war der März der erste Monat des Jahres.
April:
Das Wort hat seinen Namen von dem lateinischen Wort aperire, d.h. aufmachen, öffnen. Das Jahr öffnete sich dem Wachstum und der Fruchtbarkeit.
Mai:
Der Monat Mai heißt nach dem lateinischen Wort majus. Maja war der Name der römischen Erdgöttin und Jupiter, der Gott des Himmels und des Lichts, trug die Bezeichnung majus – der Größere. Alle Bräuche im Mai sind vom Gedanken des Wachstums bestimmt.
Juni:
Der Monat Juni ist nach Juno, der höchsten römischen Göttin benannt. Juno war die Beschützerin der Frau, der Hochzeit, der Ehe und der Geburt. Im Juni entscheidet sich, ob das Jahr fruchtbar wird.
Juli:
Der Juli ist nach dem römischen Feldherrn und Staatsmann Gajus Julius Cäsar benannt, der am 12. dieses Monats im Jahre 100 v. Chr. geboren wurde. Julius Cäsar hat den nach ihm benannten Julianischen Kalender eingerichtet. Das Jahr hatte nun 365 Tage und alle vier Jahre deshalb ein Schaltjahr.
August:
Der August ist nach dem römischen Kaiser Augustus benannt, der ein Adoptivsohn des Gajus Julius Cäsars war. In die Regierungszeit von Augustus fällt die Geburt Christi. Augustus lebte von 63 v. Chr. bis 14 n. Chr.
September:
Der Name September kommt von septem, d.h. sieben. Er war früher der siebte Monat des Jahres.
Oktober:
Der Name Oktober kommt von octo, d.h. acht. Er war der achte Monat des Jahres.
November:
Der Name November kommt von dem lateinischen Wort novem, d.h. neun. Nach dem Kalender der Römer war der November der neunte Monat des Jahres.
Dezember:
Der Dezember war früher der zehnte Monat des Jahres und ist daher nach dem lateinischen Wort decem, d.h. zehn, benannt.

Kopiervorlagen	42, 43, 45, 46
Freiarbeitsmaterial	Jahreszeitenspiel
Lesebuch	Seite 167, 168, 171, 173, 179, 184
Sprachbuch	Seite 94, 95

Jeder Tag ist anders   Seite 64
Zur Arbeit mit der Seite
Zwei Tendenzen in der Gestaltung der Freizeit der Kinder können in den letzten Jahren beobachtet werden. Während ein relativ geringer Teil von Grundschulkindern auch nach der Schule mit einem verplanten Freizeitbereich konfrontiert ist, der von dem Besuch einer Musikschule über Aktivitäten in Sportarbeitsgemeinschaften bis zur Teilnahme an Fördermaßnahmen reicht, verbringt der größte Teil der Grundschulkinder zunehmend mehr Freizeit vor dem Fernseher oder mit andern Medien, weil die geschützten, leicht und allein erreichbaren Spielräume abnehmen (s. auch Sachinformation zu S. 23).

Mit der Bearbeitung der Kopiervorlage 47 sollen die Kinder sensibilisiert werden, mit ihrer Freizeit sinnvoll umzugehen. Mit einer kleinen statistischen Erhebung über das Freizeitverhalten sollen die Kinder einen Überblick über die Freizeitaktivitäten in ihrer Klasse erhalten, um daran ihr eigenes Verhalten zu messen und Ideen für die Gestaltung ihrer freien Zeit zu bekommen. Der Fragebogen von Kopiervorlage 47 unterbreitet einen Vorschlag für die Durchführung der Befragung.

Zum Lernziel „Freizeit früher und heute" könnten Kinder auch einen Fragebogen für ihre Eltern und Großeltern ausfüllen und diesen dann auswerten.

Eine Hobbyausstellung kann Überraschendes über die Kinder der Klasse zusammentragen und das eigene Hobby aufwerten.

Mit Sicherheit werden die Kinder feststellen, dass sie einen großen Zeitraum ihrer freien Zeit vor dem Fernsehapparat sitzen. Diese Feststellung sollte Anlass dafür sein, über diesen großen „Zeitfresser" genauer nachzudenken und eine weitere Untersuchung über das Fernsehverhalten mit Hilfe des eigens dafür gebauten Zeitmessers anregen.

Nach dem Messen der Fernsehdauer pro Tag über eine Woche hin werden am Ende der Woche die übrig gebliebenen Zeitstreifen auf eine Klassenliste geklebt und miteinander verglichen. Der vorgedruckte Zeitstreifen reicht für 14 1/2 Stunden. Sollte er bei einzelnen Kindern nicht reichen, müssten diese sich rechtzeitig melden und eine Kopie eines Zeitstreifens ausgehändigt bekommen.

Das Wochenende sollte unbedingt mit berücksichtigt werden. Am günstigsten wäre es, wenn mit der Messung der Sehdauer am Mittwoch begonnen wird und die Auswertung am Mittwoch darauf erfolgt.

Die Auswertung sollte Anlass dafür sein, mit den Kindern ins Gespräch über die Nutzung von Medien zu kommen. Eine Verteufelung des Fernsehens ist nicht beabsichtigt. Besser ist es, die Sehgewohnheiten der Kinder zu analysieren und über die einzelnen Sendungen ins Gespräch zu kommen. Eine Hitliste der Lieblingssendungen kann ein Ergebnis sein. Mit dem Vorschlag des Bücherwurms, einen Fernsehplaner zu bauen, in dem solche Sendungen aufgenommen werden, die zu empfehlen sind, kann in dieser Richtung gearbeitet werden.

Bau des Fernsehplaners
Mit der Anleitung von Seite 69 „So wird es gemacht" und der KV 47 können die Kinder einen Fernsehplaner herstellen. Die Tasche für den Planer lässt sich problemlos aus einem halbierten Zeichenblatt bauen. Auf der Scheibe der KV 47 sollten gemeinsam mit den Kindern die Planung einer Woche geübt und die Sendezeit und der Sender eingetragen werden.
Mit einer Musterklammer wird die Scheibe drehbar in der Tasche befestigt. Die Kinder können die Tasche farbig gestalten.

Kopiervorlage 47
Lesebuch Seite 128

Zeit messen — Seite 65
Zur Arbeit mit der Seite

Wie bereits in den einführenden Bemerkungen zum Kapitel gesagt, ist die Größe Zeit die einzige mathematische Größe, die zugleich für zwei unterschiedliche Bereiche verwendet wird. Während bei der Länge nur danach gefragt werden kann, wie lang etwas ist, ist es bei der Zeit erlaubt, nach der Dauer eines Vorgangs, aber auch nach einem konkreten Zeitpunkt zu fragen.
Mit der Bearbeitung der Seite 65 wird den beiden Dimensionen der Zeit nachgegangen.

Die abgebildeten Uhren sollen benannt werden und deren verschiedenartige Verwendung aufgezeigt werden. Wann oder wo verwendet man digitale Zeitmesser (Küchenherd, Videorekorder)? Das genaue Ablesen der Uhrzeit wird außerdem noch intensiv im Mathematikunterricht geübt. Die Aufteilung einer Stunde in Viertelstunden ist vielen Kindern geläufig. Oft ist aber die Sprechweise beim Ablesen regional verschieden, vor allem bei der Dreiviertelstunde. Größere Probleme bereitet den Kindern die Einteilung der Stunde in Minuten. Die richtige Sprechweise, z.B.: „Es ist 14 Uhr 27", wird mit der Spieluhr-Kopiervorlage 48 und dem Freiarbeitsmaterial trainiert. Als Spiel bietet sich an: Casting: „Wer wird Hörfunk- oder Fernsehansager?" Das Kind muss die korrekte Zeitansage angeben.

Die Kinder sollen dabei darauf aufmerksam gemacht werden, dass es nicht nur technische, vom Menschen hergestellte Zeitmesser (Uhren) gibt, sondern auch in der Natur Informationen über die Länge von Zeiträumen zu erhalten sind. Die Jahresringe eines Baumes, die Anzahl der Enden des Geweihes eines Hirsches oder die Anzahl der Astringe einer Fichte sagen etwas über das Alter der Bäume bzw. des Hirsches aus.

In Ergänzung zur Bearbeitung der Uhr in Mathematik bietet es sich auch bei der Behandlung des Themas Zeit im Sachunterricht an, das Ablesen der genauen Uhrzeit und darüber hinaus von gestoppter Zeit zu üben. Mit den abgebildeten verschiedenen Uhren und den Uhren auf der Kopiervorlage 48 lassen sich diese Übungen gut gestalten. Korrektes Ablesen der Uhr ist eine Voraussetzung für exakte Zeitmessungen, die beim Eichen einer selbst gebauten Uhr gebraucht werden.

Mit der Aufforderung, eine eigene Uhr zu bauen, wird die Dimension Zeitdauer noch einmal thematisiert. Zugleich werden die Kinder angeregt handwerklich tätig zu werden und interessante Entdeckungen zu machen.

Mit den Fotos auf der Seite 65 werden einige Tipps für den Bau einer Sanduhr gegeben. Mit der Frage des Bücherwurms, welchen Zusammenhang es zwischen der Größe

des Loches in der Pappscheibe und der Laufzeit des Sandes gibt, sollen die Kinder angeregt werden, Uhren mit einer bestimmten festgelegten Laufzeit selbst zu bauen. Um die Laufzeit bestimmen zu können müssen sie mit einem normierten Messgerät (Stoppuhr) arbeiten. Sie wiederholen dabei das Ablesen der Uhr. So werden die Kinder entdecken, dass die Veränderung der Laufzeit einer Sanduhr dann erreicht wird, wenn entweder die Menge des Sandes oder die Lochgröße in der Pappscheibe verändert werden.
Material: Flaschen oder Gläser, feiner Sand, Leisten, breites Klebeband, Pappe, Stoppuhr

Es könnte angeregt werden eine Zahnputzuhr zu bauen, die genau 3 Minuten lang läuft. Eine solche Uhr kann später auch beim Zähneputzen zu Hause verwendet werden.

Weitere Anregungen und Materialien
Bau einer Wasseruhr
An einer Holzleiste werden mehrere Plastikbecher, in deren Boden ein Loch gebohrt wurde, übereinander befestigt. Eine bestimmte Wassermenge wird in den oberen Becher gegossen. Die Uhr ist abgelaufen, wenn der letzte Tropfen im unteren Becher, der natürlich kein Loch im Boden hat, angekommen ist. (Achtung! Die Menge der Flüssigkeit, die in den oberen Becher gegossen wird, darf nicht größer sein als das Fassungsvermögen des unteren Bechers.)

Bau einer Kerzenuhr
Beim Bau einer Kerzenuhr ist der Vorgang des Eichens interessant. Um eine Kerzenuhr herstellen zu können, ist es notwendig, eine Kerze herunterbrennen zu lassen. An einer daneben stehenden gleich großen Kerze wird nach einer festgelegten Zeit (1 oder 2 Minuten) jeweils an die Stelle eine Nadel gesteckt, bis zu der die brennende Kerze heruntergebrannt ist.

Sachinformation
Die Methode der Zeitmessung mit einer Wasseruhr wurde übrigens in Gerichtsverhandlungen im alten Rom angewandt. Der Verteidiger hatte so lange das Wort, bis die vom Gerichtsdiener in eine Wasseruhr gegossene Flüssigkeit durchgelaufen war. Pfiffige Verteidiger bestochen den Gerichtsdiener und baten ihn darum, möglichst schmutziges Wasser zu benutzten, damit ihre Redezeit etwas länger dauern konnte.

Kopiervorlage	48
Freiarbeitsmaterial	Uhrendomino, Uhrenräder
Sprachbuch	Seite 126

Zeit erleben   Seite 66
Zur Arbeit mit der Seite
Nachdem die Kinder verschiedene Zeitmesser kennen gelernt, gebaut und ausprobiert haben, sollen sie mit der Seite 66 angeregt werden subjektives Zeitempfinden mit objektiven Messungen zu vergleichen. In einem kleinen Miniprojekt könnte die Behandlung des Themas Zeit abgeschlossen werden.
Bereits das Einstiegsspiel, der Minutentest, verdeutlicht den Kindern eindrucksvoll, wie unterschiedlich zeitliche Abläufe wahrgenommen werden. Es bietet sich an, diesen Test mit allen Kindern zugleich im Kreis durchzuführen.

Minutentest
Alle Kinder sollten sich ruhig auf den Stuhl setzen. Auf ein Zeichen hin sollten sie so lange die Augen geschlossen halten, bis sie denken, dass eine Minute vergangen ist. Wer denkt, dass die Zeit verstrichen ist, öffnet die Augen und verhält sich bis zum Schluss ruhig.
Auf der Buchseite werden zwei Arten von Tests angeboten. Zum einen geht es um die festgesetzte Zeit von einer Minute, in der die Kinder bestimmte Aktivitäten (auf einem Bein hüpfen, den Namen schreiben, zählen) so oft oder so weit wie möglich durchführen sollen. Zum anderen geht es darum, dass die Kinder überprüfen, wie lange sie eine bestimmte Tätigkeit (Luft anhalten, Buch in einer Hand halten, nicht lachen, wenn ein Kind Faxen macht) ausführen können.

Wichtig ist bei beiden Testrunden, dass die Kinder immer vorher eine Schätzung abgeben sollen, bevor die Messung erfolgt. Mit der Kopiervorlage 49 erhalten die Kinder einen vorbereiteten Testbogen in die Hand, den sie nach Belieben erweitern sollten.

Weitere Anregungen und Materialien
Fächerübergreifendes Arbeiten
In der deutschen Sprache finden sich viele Wörter, die Zeitabschnitte sehr unklar beschreiben. Wer hat nicht schon

einen kleinen Moment beim Zahnarzt gewartet und ihn als Ewigkeit empfunden? Den Kindern macht es sicherlich großen Spaß, solche beschriebenen Zeitabschnitte näher zu definieren.

Wie lange ist ein Moment, eine Weile oder ein Augenblick?
Was bedeutet bald oder gleich?
Wann beginnt damals, früher, vorhin? ...

Eine Gruppe von Kindern könnte die Zeitdauer eines Momentes für die Klasse bestimmen, in dem sie einige Mitschüler/innen hintereinander bitten, für einen Moment vor die Tür zu gehen. Mit einer Stoppuhr wird gemessen, wie lange der Moment gedauert hat. Nach den Messungen haben die Kinder ermittelt, wie lange für die Versuchspersonen ein Moment ist. Daraus bestimmen sie einen Mittelwert.

Nach der gleichen Methode kann eine andere Gruppe den Augenblick oder die Weile ermitteln.

Zum Abschluss des Kapitels Zeit sollte auch die philosophische Dimension des Begriffes angesprochen werden. Obwohl Zeit ein sehr abstrakter Begriff zu sein scheint, hat Zeit auch viel mit Gefühlen und „Sich wohl fühlen" zu tun. Es ist sehr unterschiedlich, wofür Menschen Zeit haben, Zeit benötigen und sich Zeit wünschen. Zeit ist nicht nur in Minuten und Stunden zu messen. Ob man Zeit hat und wie man sie nutzt, ist eine Frage der Lebenseinstellung.

Die Kinder können Sprichwörter und Redewendungen zum Begriff Zeit (auch bei Eltern und Großeltern) sammeln und versuchen, sie zu deuten: Die Zeit totschlagen, Zeit ist Geld, Zeit heilt Wunden, Zeit sparen, Zeit verlieren.

Kopiervorlage 49

Seite 67/68/69 So wird es gemacht

Zur Arbeit mit den Seiten

Auf diesen Seiten werden zu verschiedenen Themen des Buches Arbeitsanleitungen und Bastelanregungen gegeben. Auf der Seite 67 werden die Lehrplanziele 2.7.2 Schwimmen und Sinken erproben und mit Wasser spielerisch umgehen so präsentiert, dass die Kinder anhand der vier Anweisungen oder durch die abgebildeten Schiffchen motiviert werden, diese nachzubauen oder neue Modelle zu erfinden und zu testen. Die Materialien sollen möglichst selbst ausgewählt und beschafft werden. Dazu eignen sich auch Abfallprodukte wie Korken, Plastikschälchen, Zweige oder Stoffreste. Zur Erprobung im Klassenzimmer oder auf dem Schulhof sollte man eine große Plastikwanne verwenden.

Boote bauen

Das Bootsbauerspiel lässt sich wie bereits oben erwähnt gut mit dem Experiment zum Schwimmen und Sinken verbinden. Es könnte dazu beitragen, diesen Komplex abzu-

runden und das Bedürfnis der Kinder, sich spielerisch mit anderen zu messen, zu befriedigen sowie weiter an der Herausbildung von Fertigkeiten im Umgang mit Materialien zu arbeiten.

Spielverlauf des Bootsbauerspiels

Die Kinder formen aus gleich großen Knetkugeln Schalen und lassen diese schwimmen. Hintereinander legt jedes Kind in sein Boot eine Glaskugel oder einen kleinen Stein. Dies wird so lange durchgeführt, bis die Schalen sinken. Das Kind, dessen Boot die meisten Kugeln oder Steine trägt, ist der Bootsbauermeister und Gewinner dieser Runde. Die Boote werden geborgen und für die nächste Runde neu präpariert.

„Der Segelwettbewerb"

Das Spiel kann im Anschluss an das Bootebauen eingesetzt werden. Die Kinder können in diesem Spiel das schnellste Boot ihrer Klasse ermitteln. Eine große Fotoschale oder Kinderbadewanne kann dienlich sein. Mit Bindfaden sind schnell einige Bahnen markiert und das Wettsegeln kann beginnen.

Die Seiten 68 und 69 zeigen Anleitungen, die so genau beschrieben sind, dass sie keiner weiteren Klärung bedürfen. Die Buchseiten, denen sie thematisch zugeordnet werden, sind neben der Überschrift vermerkt. Das Endprodukt Kiefernzapfen-Igel ist auf Seite 49 im Heimat- und Sachbuch abgebildet.

Unser eigenes Thema

Dieses Lehrplanziel wurde bereits im Lehrerhandbuch 1 Seite 59 und 60 ausführlich bearbeitet. Im 2. Schuljahr könnte man das selbst gewählte Thema durch eine kleine Schülerbefragung herausfinden.

Name:
1. Das interessiert mich am meisten:
2. Darüber möchte ich noch mehr wissen:
3. Das möchte ich erklärt haben:
   Warum ... ?

Name:

MEIN ARBEITSHEFT

zu Heimat- und Sachbuch 2, S. 70

Über Regeln nachdenken

Arbeitsblatt von ....

Welche Regeln und Vereinbarungen gibt es in deiner Klasse?

Anstellen   Geburtstag feiern

Pausengestaltung   Morgenkreis

Toilette   Zimmer gestalten

Abfalltrennung   Einander helfen

Dienste

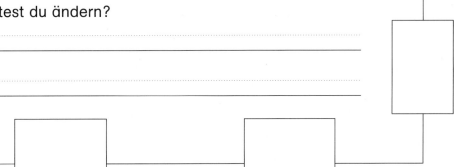

Was hat dir gefallen?
....
....
....

Was möchtest du ändern?
....
....
....

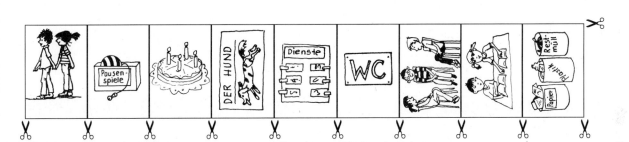

Eine Ferienausstellung aufbauen

Arbeitsblatt von ....

Was stellst du aus?

_____

Woher hast du es mitgebracht?

_____

Stelle dein Kärtchen für die Ausstellung her.

Hast du richtig geschrieben?

Was hat dir in der Ausstellung besonders gefallen?

Erinnerungsstück: _____

_____

Von wem: _____

Male das Erinnerungsstück.

zu Heimat- und Sachbuch 2, S. 6/7

Zerschneideseite

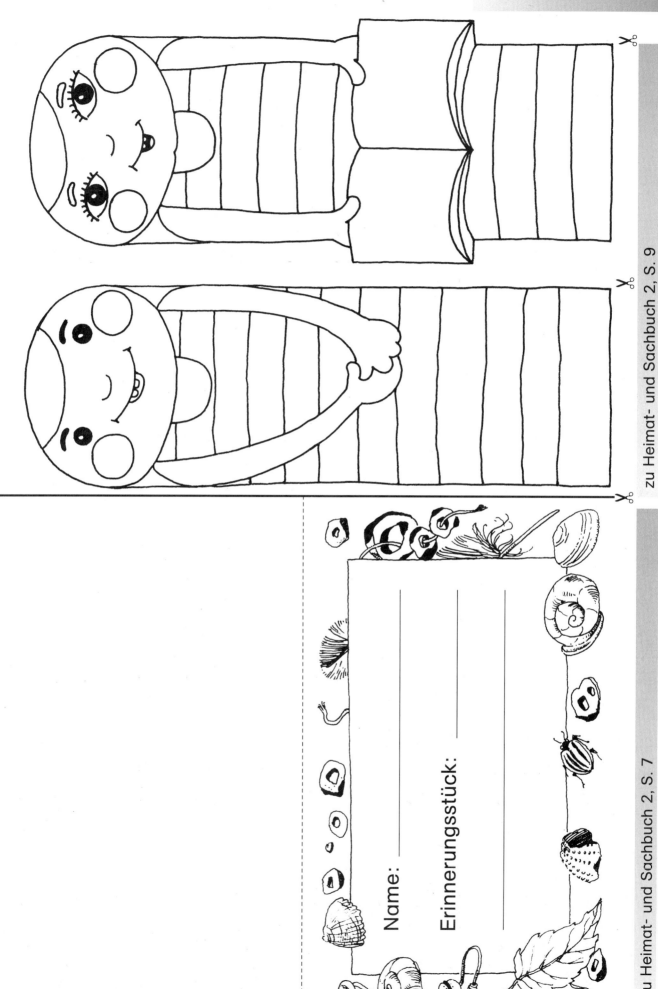

Die Sicherheit des Fahrrades überprüfen

Arbeitsblatt von ....

Male alle Beleuchtungsteile gelb.
Male die Bremsen rot.
Male die Glocke grün.

Sicherheitstest für mein Fahrrad

Fahrradteile	Test	ja	nein
Bremsen	Vorderradbremse in Ordnung		
	Hinterradbremse in Ordnung		
Beleuchtung	Scheinwerfer brennt		
	rotes Rücklicht brennt		
	roter Rückstrahler vorhanden		
	gelbe Strahler an den Pedalen sauber		
	Speichenstrahler vorhanden		
	weißer Frontstrahler vorhanden		
Glocke	Glocke tönt hell		
Datum	Unterschrift Kind: Eltern:		

zu Heimat- und Sachbuch 2, S. 10

Verkehrszeichen kennen lernen

Arbeitsblatt von ....

 Male die Verkehrszeichen aus. Klebe die Bilder und die Kärtchen dazu.
Trage ein, wie oft du diese Zeichen auf deinem Schulweg siehst.

Verkehrszeichen	Bild	Bedeutung	Schulweg
(Ampel)	KLE	KLE / KLE	
(H-Schild)	KLE	KLE / KLE	
(Fußgängerüberweg)	KLE	KLE / KLE	
(Fahrrad + Fußgänger)	KLE	KLE / KLE	
(Fahrrad)	KLE	KLE / KLE	

zu Heimat- und Sachbuch 2, S. 12

Sicher eine Straße überqueren

Arbeitsblatt von ....

Wie geht Tom über die Straße, wenn ihm kein Verkehrszeichen hilft?
Verwende die Bilder und Satzstreifen.

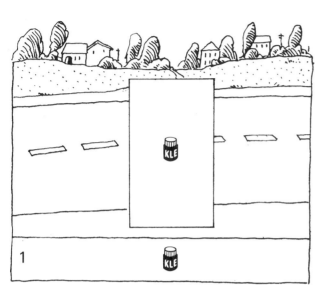 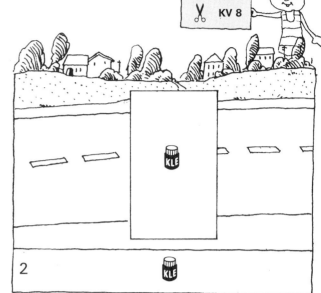

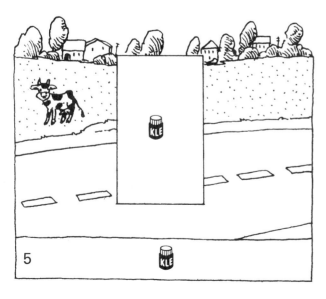 

zu Heimat- und Sachbuch 2, S. 12

Zerschneideseite

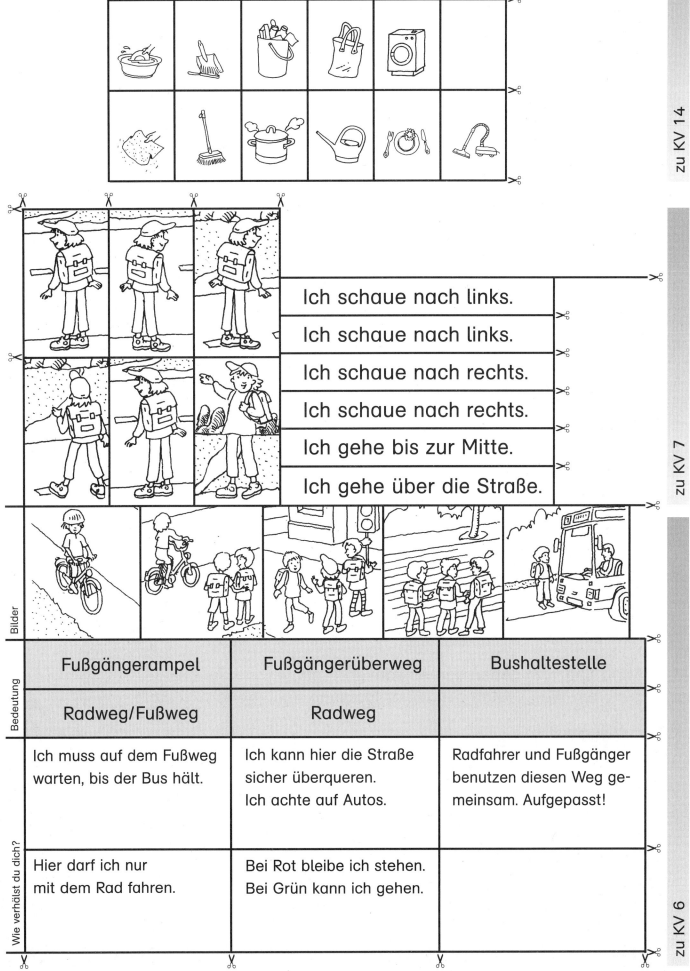

Sicher im Straßenverkehr

Arbeitsblatt von ....

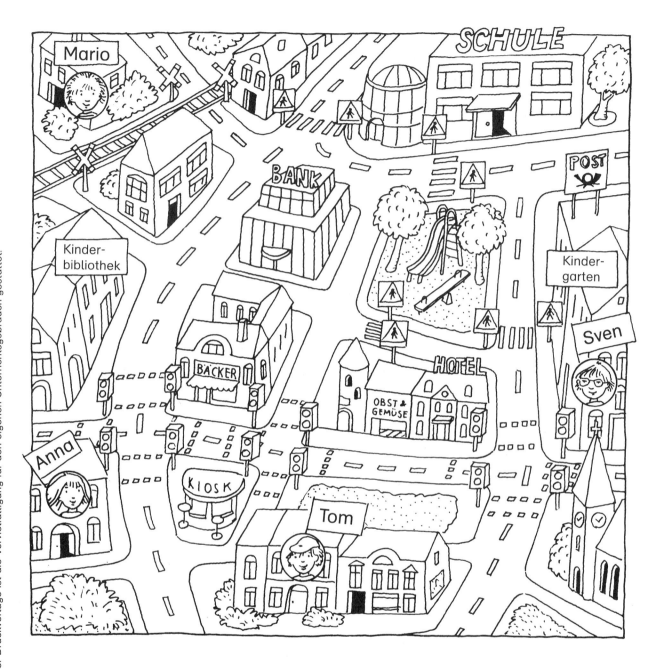

Anna und Tom gehen gemeinsam zur Schule.
Welchen Weg sollten sie deiner Meinung nach gehen?

Sven ist krank. Mario bringt ihm die Hausaufgaben.
Welcher Weg ist der sicherste für ihn?

Zeichne die Wege mit verschiedenen farbigen Stiften ein.
Denke dir ähnliche Wegrätsel für deinen Partner aus.

zu Heimat- und Sachbuch 2, S. 12

Das bin ich (Teil 1)

Arbeitsblatt von ....

Male oder schreibe über dich.
Auf der Rückseite ist Platz für dein Lieblingsgedicht oder etwas anderes, was dir wichtig ist.

zu Heimat- und Sachbuch 2, S. 14

Das bin ich (Teil 2)

Arbeitsblatt von ....

Das bin ich auch. Ich habe viele Gefühle.
Manche sind schön und manche nicht.

Kennst du deine Gefühle?
Wann bist du froh und glücklich? Was lässt dich traurig werden?
Wann bist du wütend?

zu Heimat- und Sachbuch 2, S. 15

Meine Freundin – mein Freund

Arbeitsblatt von ....

Male in den Rahmen deine Freundin oder deinen Freund.
Schreibe auf, wie sie oder er sein soll.

zu Heimat- und Sachbuch 2, S. 16

Nein sagen

Arbeitsblatt von ....

Es gibt Situationen, in denen Kinder nicht wissen, wie sie sich verhalten sollen.
Welchen Rat gibst du den Kindern?

zu Heimat- und Sachbuch 2, S. 20

Die Arbeit miteinander teilen

Arbeitsblatt von ....

 *So viel Arbeit.*  *Was gibt es in deiner Familie zu tun?*

....
....

....
....

Führe den Arbeitsplan in deiner Familie.
Kreuze an, was du erledigst. Verwende dazu die Bildchen.

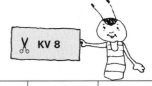

Wer hat es erledigt?	KLE	KLE	KLE	KLE	KLE	KLE	KLE

zu Heimat- und Sachbuch 2, S. 22

Mit Geld überlegt umgehen

Arbeitsblatt von ....

Wofür gibst du Geld aus?

Wovon lässt du dich beeinflussen?

Welche deiner Wünsche können nicht mit Geld erfüllt werden?

zu Heimat- und Sachbuch 2, S. 23

Freizeit gestalten

Arbeitsblatt von ....

Was spielst du gern?

_____

_____

_____

_____

Was machst du am liebsten mit deiner Familie?

_____

_____

_____

_____

Welche Freizeitangebote gibt es bei euch?

_____

_____

_____

_____

Schreibe oder zeichne!

zu Heimat- und Sachbuch 2, S. 24

Hunde helfen Menschen

Arbeitsblatt von ....

Hunde können einiges besser als Menschen.
Deshalb können sie dem Menschen helfen.
Ordne die Texte den Bildern zu! Begründe.

Hunde hören besser als Menschen.

Hunde haben ein kräftigeres Gebiss.

Hunde können besser riechen als Menschen.

Hunde können ausdauernder laufen.

Was ist wichtig, wenn du einen Hund halten möchtest?

zu Heimat- und Sachbuch 2, S. 26

Mein Haustier

Arbeitsblatt von ....

Welches Haustier hast du / wünschst du dir?

Das ist mein Moppel.

Mein Tier heißt / soll heißen?

Schreibe auf, wie dein Haustier in seiner natürlichen Umgebung lebt.

Was braucht dein Haustier um sich wohl zu fühlen?

Was musst du beachten, wenn du dir ein Tier anschaffen willst?

Lege Karteikarten zu den Haustieren an, die dich am meisten interessieren!

zu Heimat- und Sachbuch 2, S. 26

Zerschneideseite

19

zu Heimat- und Sachbuch 2, S. 29

Zerschneideseite

zu Heimat- und Sachbuch 2, S. 29

Essbare Teile von Gemüse kennen

Arbeitsblatt von ....

Schneide die Namen aus und klebe sie zum Gemüse.
Trage daneben ein, welchen Teil wir davon essen.

| W | Wurzel | | B | Blätter | | St | Stängel | | F | Früchte |

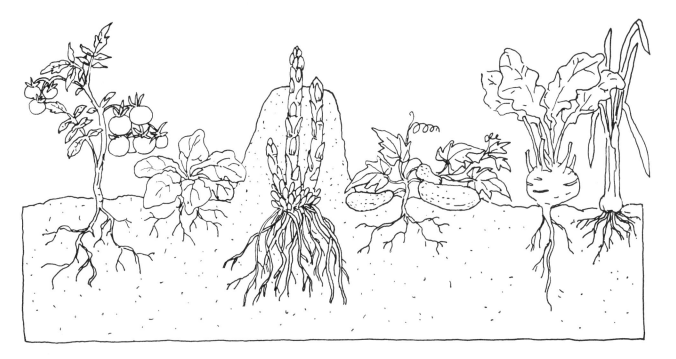

Tomaten	Spinat	Blaukraut	Lauch
Kohlrabi	Radieschen	Erbsen	Zwiebel
Spargel	Gurken	Kopfsalat	Karotten

zu Heimat- und Sachbuch 2, S. 30

Inhaltsstoffe herausfinden

Arbeitsblatt von ....

1. Was ist in der Limonade?	2. Was ist in der Kartoffel?

Das habe ich herausgefunden:	Das habe ich herausgefunden:

3. Was ist in Wurst/Käse/Avocado?	4. Was enthält ein Ei?
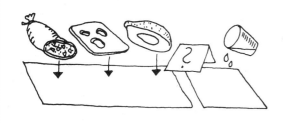	
Das habe ich herausgefunden:	Das habe ich herausgefunden:

zu Heimat- und Sachbuch 2, S. 31

Gesunde Ernährung

Arbeitsblatt von ....

1) Umfahre die Teile des Tellers mit derselben Farbe wie im Buch.
2) Kennzeichne die dazugehörigen Lebensmittel mit der entsprechenden Farbe.
3) Trage alles, was du an einem Tag isst, in die jeweiligen Abschnitte des Tellers ein.

zu Heimat- und Sachbuch 2, S. 32/33

Zerschneideseite

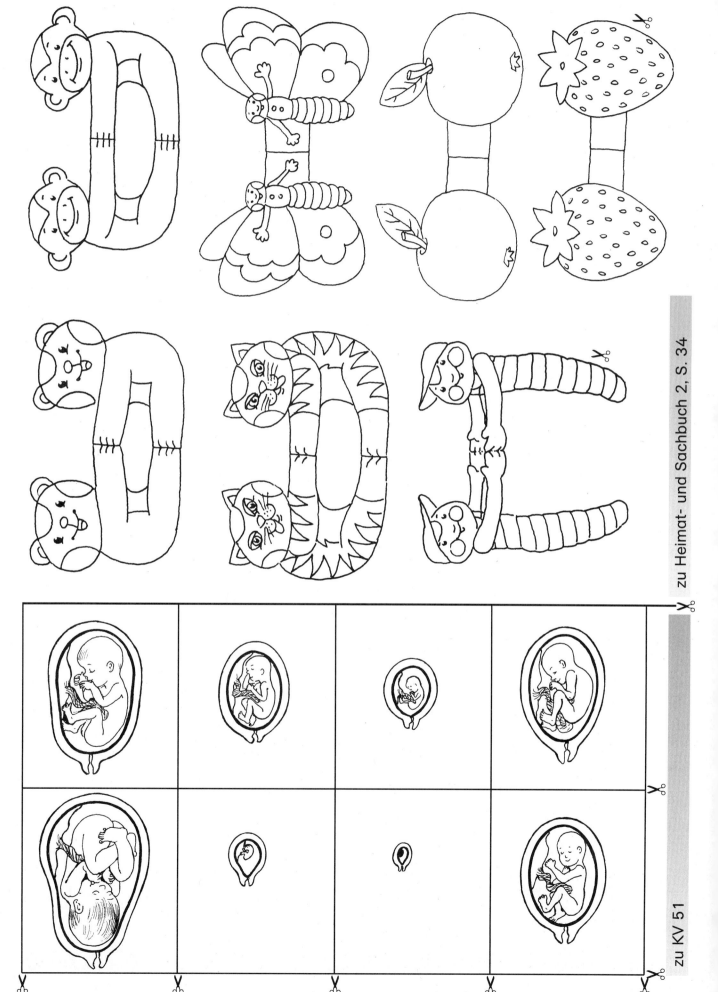

Pflanzen der Hecke kennen lernen

Arbeitsblatt von ....

Welche Pflanzen der Hecke erkennst du? Male sie aus.
Ordne die Wortkärtchen zu!

| Weißdorn | Haselnuss | Himbeere | Pfaffenhütchen |
| Buschwindröschen | Heckenrose | Veilchen | Holunder |

zu Heimat- und Sachbuch 2, S. 35

Tiere der Hecke kennen lernen

Arbeitsblatt von ....

Welche Tiere der Hecke erkennst du?
Male sie aus und ordne die Wortkärtchen zu.

Kreuzspinne	Käfer	Dorngrasmücke	Hase
Erdkröte	Weinbergschnecke	Amsel	Zauneidechse
Igel	Haselmaus	Schmetterling	Ameise

zu Heimat- und Sachbuch 2, S. 35

In der Hecke ist immer was los

Arbeitsblatt von ....

Was erkunden die Kinder auf Seite 36 und 37?
Hier werden einige Stationen vorgestellt:

im Herbst

Früchte sammeln

Sammle nur Beeren in einem Körbchen, die nicht giftig sind.

Tierdetektiv

Tiere hinterlassen Spuren.
Suche Spinnennetze, Trittspuren, Fraßspuren ...

Blätterpresse

Lege die Blätter vorsichtig zwischen die Seiten eines alten Telefonbuches, ohne dass sie verrutschen.

im Frühjar

Zählen

Zähle die Blütenblätter verschiedener Heckenblumen.

Fühlen

Schau dir einige Pflanzen genau an. Lass dich mit verbundenen Augen zu einem Strauch führen. Fühle und nenne seinen Namen.

Ferngucker

Vögel lassen sich nur aus der Ferne beobachten. Nimm ein Fernglas und beobachte.

Du brauchst:
das Bestimmungsbüchlein,
ein altes Heft zum Pflanzen pressen,
Stifte, Papier und
eine Unterlage ...

Welche Station bereitest du mit vor?

....
....
....
....
....

zu Heimat- und Sachbuch 2, S. 36

Domino Heckenpflanzen

A		**Veilchen** Die Blüte ist violett und duftet.	
Himbeere Die roten Beeren schmecken gut.		**Pfaffenhütchen** ! giftig ! Die roten Fruchtkapseln springen auf, wenn sie reif sind.	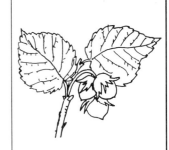
Hasel Der gelbe Blütenstaub wird vom Wind verweht.		**Gemeine Heckenkirsche** ! giftig ! Die Früchte sind erbsengroß und glasig rot.	
Heckenrose Die Früchte heißen Hagebutten.		**Buschwindröschen** ! giftig ! Die 6 weißen Blütenblätter sehen wie ein Stern aus.	
Schlehe Die blauen Früchte haben einen Steinkern.		**Holunder** Aus den Zweigen kann man Pfeifen machen.	**E**

Im Herbst: Was ist giftig oder ungenießbar

Arbeitsblatt von ....

Diese Pflanzen solltest du unbedingt kennen. Schneide aus und ordne zu.

Pfaffenhütchen	Wolliger Schneeball	Liguster
† alle Teile und Früchte	† Früchte	† dunkle Beeren Rinde, Blätter

Traubenholunder	Rote Heckenkirsche	Schwarzer Holunder
† Kerne der roten Früchte	† rote Beeren	Beeren, roh ungenießbar

Im Frühling: giftig

Buschwindröschen	Knolle des Lerchensporns

Es gibt eine Giftnotzentrale!

Zerschneideseite

Karteikarten für Pflanzen und Tiere

Name: _____

Blüte   Frucht   Blatt

Interessantes: _____

_____

_____

Name: _____

Lebensraum: _____

_____

Futter: _____

_____

_____

Junge: _____

Interessantes: _____

_____

_____

Vögel in der Hecke: Die Amsel

Arbeitsblatt von ....

Die Amsel ist ein Singvogel. Oft sitzt sie ganz oben auf Dächern oder Bäumen und singt ihr Lied. Die Amsel bleibt auch im Winter bei uns. Ihr Nest baut sie auf Bäumen oder im Gebüsch. Sie verwendet dazu Zweige, Halme, Blätter und Gras.
Mitte März bis Ende April legt das Weibchen 4 bis 6 Eier. Es brütet zwei Wochen. Dann schlüpfen die Jungen. Sie werden so lange gefüttert, gewärmt und beschützt bis sie Federn haben. Dann starten sie ihre ersten Flugversuche und verlassen das Nest.

Beschreibe jedes Bild. Lies noch mal im Text nach.

Wo sind dir schon Amseln begegnet? _____

zu Heimat- und Sachbuch 2, S. 42

Vögel der Hecke kennen lernen

Arbeitsblatt von ....

Ergänze mit Hilfe des Buches S. 43.
Schau in Bestimmungsbüchern nach, wie viele Eier diese Vögel ins Nest legen
und wie lange sie brüten.

Zugvogel

Aussehen der **Dorngrasmücke**:
....
....

Nahrung: Insekten und Beeren

Nest: _____

überwintert am Mittelmeer

Aussehen der **Singdrossel**:
....
....

Nahrung: Insekten, Schnecken, Würmer und Beeren

Nest: _____

Zugvogel

Aussehen des **Neuntöters** (Weibchen sieht anders aus als Männchen): _____
_____

Nahrung: Insekten, kleine Wirbeltiere und Beeren

Nest: _____

Aussehen: _____
....

Nahrung: _____

Nest: _____

Erforsche weitere Heckenvögel.

zu Heimat- und Sachbuch 2, S. 43

Tierspuren

Arbeitsblatt von ....

Der Förster und sein Hund kommen zur Futterraufe.
Welche Tiere haben hier gefressen? Verbinde die Spur mit dem Tier.

Welche anderen Tierspuren hast du gefunden?

Was? _____

Wo? _____

Von welchem Tier? _____

zu Heimat- und Sachbuch 2, S. 44

Zerscheideseite

34

———— Schneiden
- - - - - Falzen

© Ernst Klett Grundschulverlag GmbH, Leipzig 2002. Von dieser Druckvorlage ist die Vervielfältigung für den eigenen Unterrichtsgebrauch gestattet.

So kannst du den Lesebrief nutzen:
1. Lies die Kärtchen und ordne sie den Bildern zu!
2. Auf der Rückseite findest du die Kontrolle.

Solche Lesebriefe kannst du auch zu anderen Tieren anfertigen.

Lesebrief Igel

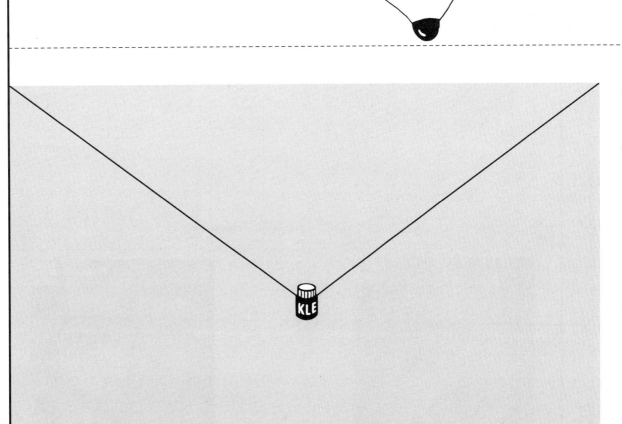

Lesebrief für die Leseecke
Du brauchst:
1 Briefumschlag
4 Kärtchen

So kannst du den Lesebrief anfertigen:
1. Schneide den Lesebrief ab und falte ihn!
2. Schreibe aus dem Buch (S. 46) Wissenswertes zu jedem Bild auf ein Kärtchen!
3. Trage auf der Rückseite jedes Kärtchens zur Kontrolle die Ziffer des Bildes ein!
4. Klebe einen Briefumschlag für die Kärtchen auf!

zu Heimat- und Sachbuch 2, S. 46

Zerschneideseite

Schneiden

Falzen

3. Lesekärtchen

4. Lesekärtchen

1. Lesekärtchen

2. Lesekärtchen

zu Heimat- und Sachbuch 2, S. 46

Zerschneideseite

Schablone für das Igelbuch

Schablone für den Zapfenigel

Arbeitsanleitung:

 Schneide die Schablone aus.

Falte das Tonpapier.

Lege die Schablone auf die Mittellinie.

Umfahre sie mit dem Stift.
Schneide den Igel aus, aber nicht an der Mittellinie.

 Schneide mit einer spitzen Schere Löcher für den Zapfen.

zu Heimat- und Sachbuch 2, S. 47

Das Thermometer

Arbeitsblatt von ....

Beschrifte das Thermometer!
Verwende die Wörter aus dem Buch!

*Die Temperaturen werden
in Grad Celsius gemessen.
So wird es geschrieben: 20 °C.
So wird es gelesen:
Zwanzig Grad Celsius.*

Welche Thermometer sind abgebildet?

1) Schreibe die passenden Zahlen in die Kästchen!

   Kühlschrank-Thermometer (5), Zimmerthermometer (1),
   Badethermometer (3), Fieberthermometer (4), Außenthermometer (2)

2) Lies die Temperaturen ab und trage sie ein!

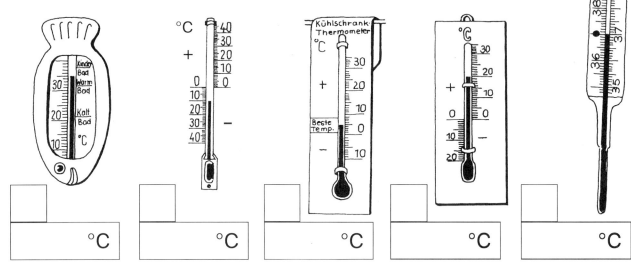

3) Male die angegebenen Temperaturen in die
   Thermometer ein!

*So kannst du dir selbst ein
Thermometer bauen.*

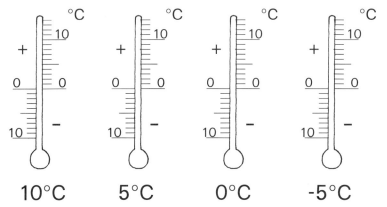

10 °C   5 °C   0 °C   -5 °C

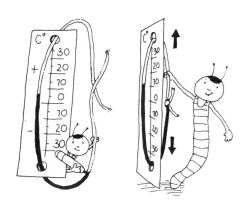

zu Heimat- und Sachbuch 2, S. 49

Mit Wasser spielen

Arbeitsblatt von . . . .

1. Zaubertrick

Was beobachtest du?

2. Wassermusik

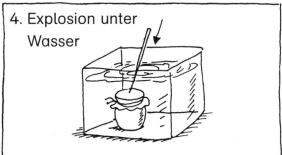

4. Explosion unter Wasser

Du kannst auch in die Mitte des Sterns etwas schreiben!

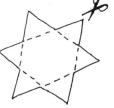

Du kannst ihn trocknen und wieder verwenden!

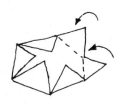

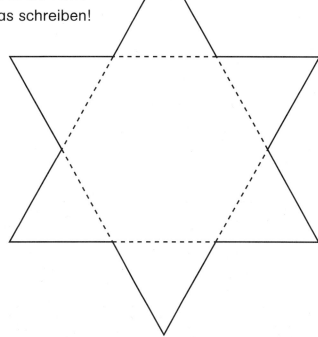

zu Heimat- und Sachbuch 2, S. 52

Wasser verändert sich

Arbeitsblatt von ....

Was passierte mit dem Wasser?
Trage die richtigen Begriffe ein:

schmelzen, gefrieren, verdampfen, verdunsten, kondensieren.

....

....

....

....

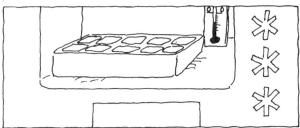

....

....

zu Heimat- und Sachbuch 2, S. 54

Mischen, lösen, trennen

Arbeitsblatt von ....

Welche *gelösten* Stoffe lassen sich leicht trennen und welche nicht?

Stoffe	leicht	schwer	Bemerkungen
Salz			
Saft			
Honig			

Welche *gemischten* Stoffe lassen sich leicht trennen und welche schwer?

Stoffe	leicht	schwer	Bemerkungen
Erde			
Sand			
Tee			

zu Heimat- und Sachbuch 2, S. 55

Wasser in unserem Leben

Arbeitsblatt von ....

Jeder Mensch in Deutschland verbraucht täglich ungefähr 130 Liter Wasser. Wofür wird in diesem Haus Wasser verbraucht?

_____
_____
_____
_____
_____
_____
_____
_____
_____
_____
_____

Ich bade nur noch einmal in der Woche.

Wofür verbrauchst du Wasser?
_____
_____

Wasser kann gespart werden. Probiere aus:

1. Putze dir die Zähne! Benutze zum Ausspülen Wasser aus dem Zahnputzbecher!
Putze dir genauso lange die Zähne bei laufendem Wasserhahn!
Fange das Wasser in einer Schüssel auf!
Miss diese Wassermenge mit dem Zahnputzbecher! Was stellst du fest?

2. Lass einen Wasserhahn langsam tropfen!
Sammle eine Stunde lang das Wasser!
Miss die Menge! Wie viel Trinkwasser könnte an einem Tag gespart werden, wenn der Hahn zugedreht oder repariert würde?

zu Heimat- und Sachbuch 2, S. 56

Der Jahresfestkreis

Arbeitsblatt von . . . .

Viele Feste werden im Jahr gefeiert. Stelle einen Festkreis zusammen!
Beschrifte die Sonnenstrahlen mit den Monatsnamen! Schneide den Stern aus.
Klebe ihn auf ein weißes Blatt. Klebe die Bildchen der Feste dazu!
Für weitere Feste kannst du dir selbst Bildchen malen.

zu Heimat- und Sachbuch 2, S. 62

12 Monate hat das Jahr

Arbeitsblatt von ....

Was legst du in die Monatskörbchen?

zu Heimat- und Sachbuch 2, S. 63

Zerschneideseite

Schablone für Sonnenstrahl in Heimat- und Sachbuch 2, S. 61

Legt ein Blatt Pergamentpapier auf den Sonnenstrahl und zeichnet ihn nach.

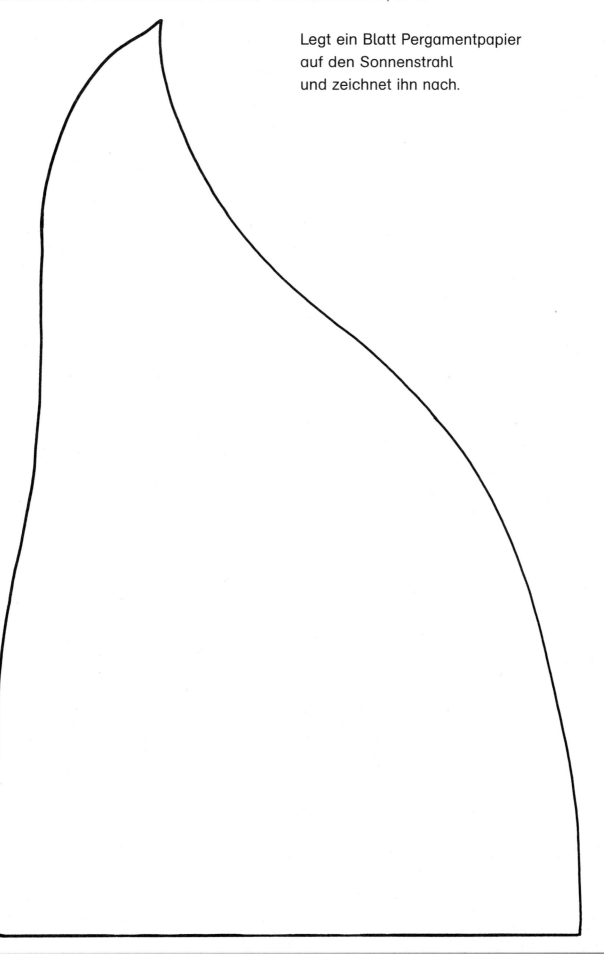

zu Heimat- und Sachbuch 2, S. 63

Zerschneideseite

Mein Geburtstagskalender

Januar	Februar	März	April	Mai	Juni
1	1	1	1	1	1
2	2	2	2	2	2
3	3	3	3	3	3
4	4	4	4	4	4
5	5	5	5	5	5
6	6	6	6	6	6
7	7	7	7	7	7
8	8	8	8	8	8
9	9	9	9	9	9
10	10	10	10	10	10
11	11	11	11	11	11
12	12	12	12	12	12
13	13	13	13	13	13
14	14	14	14	14	14
15	15	15	15	15	15
16	16	16	16	16	16
17	17	17	17	17	17
18	18	18	18	18	18
19	19	19	19	19	19
20	20	20	20	20	20
21	21	21	21	21	21
22	22	22	22	22	22
23	23	23	23	23	23
24	24	24	24	24	24
25	25	25	25	25	25
26	26	26	26	26	26
27	27	27	27	27	27
28	28	28	28	28	28
29		29	29	29	29
30		30	30	30	30
31		31		31	

© Ernst Klett Grundschulverlag GmbH, Leipzig 2002. Von dieser Druckvorlage ist die Vervielfältigung für den eigenen Unterrichtsgebrauch gestattet.

zu Heimat- und Sachbuch 2, S. 63

Zerschneideseite

Juli	August	September	Oktober	November	Dezember
1 — 17	1 — 17	1 — 17	1 — 17	1 — 17	1 — 17
2 — 18	2 — 18	2 — 18	2 — 18	2 — 18	2 — 18
3 — 19	3 — 19	3 — 19	3 — 19	3 — 19	3 — 19
4 — 20	4 — 20	4 — 20	4 — 20	4 — 20	4 — 20
5 — 21	5 — 21	5 — 21	5 — 21	5 — 21	5 — 21
6 — 22	6 — 22	6 — 22	6 — 22	6 — 22	6 — 22
7 — 23	7 — 23	7 — 23	7 — 23	7 — 23	7 — 23
8 — 24	8 — 24	8 — 24	8 — 24	8 — 24	8 — 24
9 — 25	9 — 25	9 — 25	9 — 25	9 — 25	9 — 25
10 — 26	10 — 26	10 — 26	10 — 26	10 — 26	10 — 26
11 — 27	11 — 27	11 — 27	11 — 27	11 — 27	11 — 27
12 — 28	12 — 28	12 — 28	12 — 28	12 — 28	12 — 28
13 — 29	13 — 29	13 — 29	13 — 29	13 — 29	13 — 29
14 — 30	14 — 30	14 — 30	14 — 30	14 — 30	14 — 30
15 — 31	15 — 31	15 —	15 — 31	15 —	15 — 31
16 —	16 —	16 —	16 —	16 —	16 —

zu Heimat- und Sachbuch 2, S. 63

© Ernst Klett Grundschulverlag GmbH, Leipzig 2002. Von dieser Druckvorlage ist die Vervielfältigung für den eigenen Unterrichtsgebrauch gestattet.

Jeder Tag ist anders

Arbeitsblatt von ....

Trage in die Tabelle ein, was du in deiner
freien Zeit machst. Wie lange beschäftigst du dich damit?

Verwende
diese Zeichen!

 weniger als eine Stunde

eine Stunde

mehr als eine Stunde

Ich lese montags eine Stunde.

Montag	Dienstag	Mittwoch	Donnerstag	Freitag

So kannst du das Fernsehen planen:
Schau in das Fernsehprogramm. Welche Sendung möchtest du sehen?
Trage die Uhrzeit und den Sender auf der Scheibe ein.
Vergleiche deinen Plan mit denen der anderen Kinder.
Stellt die Klassenlieblingssendungen zusammen.

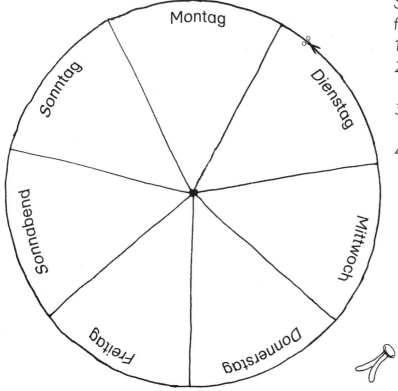

So kannst du einen Fernsehplaner für eine Woche bauen:
1. *Nimm ein halbes Zeichenblatt.*
2. *Falte es und schneide ein Stück heraus wie in der Abbildung.*
3. *Lege die Scheibe von Seite 31 in die Mitte.*
4. *Stecke die Musterklammer 6 cm vom Rand entfernt durch.*

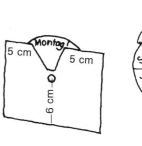

zu Heimat- und Sachbuch 2, S. 64

Zeit messen

Arbeitsblatt von ....

Kennst du die Uhrzeit? Lies richtig ab und zeichne ein.

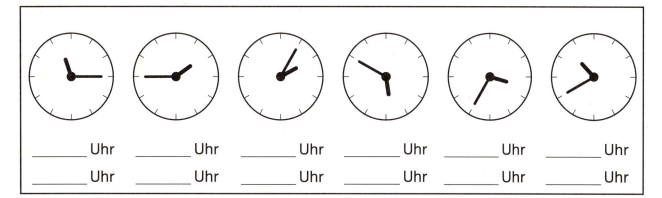

_____ Uhr   _____ Uhr   _____ Uhr   _____ Uhr   _____ Uhr   _____ Uhr
_____ Uhr   _____ Uhr   _____ Uhr   _____ Uhr   _____ Uhr   _____ Uhr

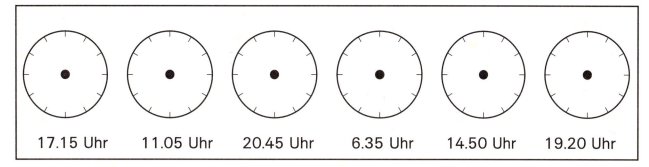

17.15 Uhr   11.05 Uhr   20.45 Uhr   6.35 Uhr   14.50 Uhr   19.20 Uhr

Bau dir eine Uhr.

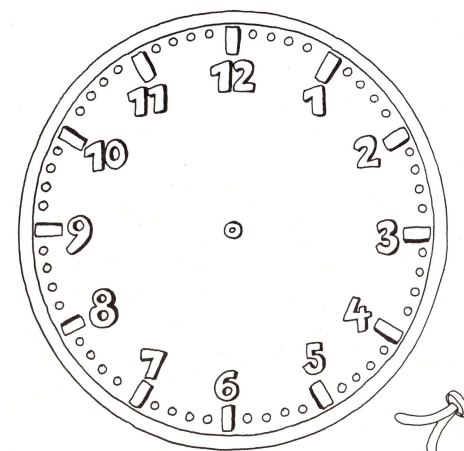

Übe mit deinem Partner:

7.18 Uhr	20.16 Uhr
13.23 Uhr	11.58 Uhr
19.46 Uhr	15.06 Uhr
10.21 Uhr	8.45 Uhr
9.33 Uhr	14.41 Uhr

Denke dir auch andere Uhrzeiten aus.

Uhr und Zeiger auf Pappe kleben, ausschneiden, zusammenklammern.

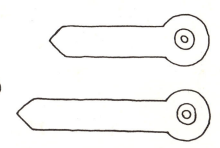

zu Heimat- und Sachbuch 2, S. 65

Zeit erleben

Arbeitsblatt von . . . .

Führe Protokoll. Trage die Ergebnisse ein.

Was kannst du in 1 Minute?			geschätzt	gezählt
Hier ist dein Testbogen.		auf einem Bein hüpfen		
		deinen Namen schreiben		
		laut zählen		

Wie lange kannst du . . . ?			geschätzt	gemessen
		Luft anhalten		
		ein Buch halten		
		nicht lachen		

Wann vergeht für dich die Zeit langsam?

....
....

Wann vergeht die Zeit schnell?

....
....

zu Heimat- und Sachbuch 2, S. 66

Ein Baby entwickelt sich

Arbeitsblatt von ....

Frau Richter erzählt Sandra, wie sich das Baby im Bauch der Mutter entwickelt.

1. Monat
Es ist so groß wie ein Stecknadelkopf.

2. Monat
Arme und Beine bilden sich. Das Herz beginnt zu schlagen.

3. Monat
Jetzt kann es schon den Kopf drehen und die Stirn runzeln. Es ist so groß wie ein Hühnerei.

4. Monat
Es kann hören und ist so groß wie eine Birne.

5. Monat
Haare und Fingernägel wachsen. Es kann träumen. Es ist etwa 25 cm lang.

6. Monat
Es bekommt Muskeln und strampelt im Bauch der Mutter. Es kann Geräusche von außen hören.

7. Monat
Etwa 1 kg ist es jetzt schwer. Alle Organe sind fertig ausgebildet und müssen noch wachsen.

8. Monat
Jetzt kann es sogar schon sehen.

9. Monat
Das Baby wird geboren. Die Nabelschnur wird abgetrennt. Übrig bleibt ein kleiner Knoten mitten auf dem Bauch.

Wie ist das Kind in deinen Bauch gekommen?

Was findest du an der Entwicklung eines Kindes besonders beeindruckend?

_____

_____

zu Heimat- und Sachbuch 2, S. 14

Die Entwicklung des Babys

Arbeitsblatt von ....

Wie entwickelt sich ein Baby im Bauch der Mutter?
Nutze die Bilder von der Zerschneideseite.

8. Monat   1. Monat

7. Monat   2. Monat

eigenes Foto einkleben

6. Monat   3. Monat

5. Monat   4. Monat

Frage deine Mutter, wie die 9 Monate waren, als du dich in ihrem Bauch entwickelt hast. Wie war die Geburt? Wer wickelte dich?

_____

_____

zu Heimat- und Sachbuch 2, S. 14